W0052680

DON BOSCO
VERLAG

Cornelia Dodt / Christine Buchgraber

Wenn Kinder malen wollen ...

Kreative Modelle mit Farbe, Musik und Bewegung

Don Bosco

Die Deutsche Bibliothek – CIP–Einheitsaufnahme

Ein Titeldatensatz für diese Publikation
ist bei Der Deutschen Bibliothek erhältlich.

1. Auflage 2000 / ISBN 3-7698-1203-4
© 2000 Don Bosco Verlag, München
Umschlag: Felix Weinold
Fotos und Illustrationen: Cornelia Dodt, Christine Buchgraber
Notensatz: Nikolaus Veeser
Gesamtherstellung: Don Bosco Grafischer Betrieb, Ensdorf

Gedruckt auf umweltfreundlichem Papier

Inhalt

Wenn Kinder malen wollen ...

... möchten Erzieherinnen[1] ihnen diesen Wunsch gerne erfüllen. Damit es aber nicht nur beim üblichen Malen mit Filzstift auf Makulaturpapier bleibt, müssen Kinder Anregungen bekommen, welche Maltechniken es gibt und wie Farben und unterschiedliche Papiere eingesetzt werden können. Je mehr Techniken sie kennen lernen und je bewusster ihr Umgang mit unterschiedlichsten Malutensilien wird, um so mehr können sie kreativ tätig werden, eigene Ideen verwirklichen und Traumbilder malen.

Wir möchten Erzieherinnen und allen, die mit Kindern leben, lernen und arbeiten, Ideen an die Hand geben, wie „Kunstunterricht" schon mit kleinen Kindern auf spielerische Weise stattfinden kann.

Alle unsere Angebote sind in der Praxis erprobt und haben sich für eine grundlegende *Früherziehung zur Bildenden Kunst* als nachhaltig positiv erwiesen. Viele unserer Schülerinnen und Schüler an der Jugendkunstschule Heidelberg, die schon als Kleinkinder zu uns kamen, sind jetzt als Schulkinder immer noch mit Begeisterung dabei.

Die Kinder selbst haben im Laufe der Jahre zu einer ständigen Bereicherung und Überarbeitung der Kreativeinheiten beigetragen. Sie waren es, die nach einem Jahr ihre Flöten mit in die Malstunde brachten und die Pädagogin zu einer stundenbegleitenden Flötenfibel inspirierten. Die Kinder waren es auch, die die Flöte zwei Jahre später wieder aus

---

[1] In diesem Buch wird der Einfachheit halber das Wort Erzieherin stellvertretend für alle Erzieher und alle weiteren pädagogischen Fachkräfte – männliche wie weibliche – verwandt.

dem Unterricht verbannten und die Flöten-
fibel damit zu einem begleitenden Sing- und
Musizierbuch umfunktionierten. Auch die
Unterrichtenden variierten die Abläufe einer
Kreativeinheit und brachten neue Ideen mit
ein.

Das vorliegende Buch berücksichtigt neben
künstlerischen und kunstpädagogischen
Aspekten auch musikalische und bewe-
gungspädagogische Elemente. Das ganzheitliche Erlebnis als Methode steht im Vordergrund. Eine Vielzahl von praxisnahen und
handlungsorientierten Gestaltungsanregun-
gen (Kreativeinheiten), die an die Erfahrungen der Kinder anknüpfen, ermöglichen ein
kindgerechtes, primäres Kunsterleben.

Wir möchten in erster Linie Anhaltspunkte
für kreative Gestaltungseinheiten geben, die
je nach Situation und Gruppenzusammen-
setzung individuell umgesetzt werden müssen, wobei die Grundintention einer Kreativeinheit – das Kennenlernen und Ausprobieren von Techniken und Materialien – jedoch stets im Auge behalten werden sollte.
Es ist für jede Erzieherin wichtig, ihrem eigenen Stil entsprechend an eine Einheit he-
ranzugehen, um sie zu gestalten und über-
zeugend weitervermitteln zu können. Wer
Kinder dauerhaft für Kunst begeistern
möchte, sollte auch Flexibilität zeigen und
stets die Wünsche, Neigungen und Lebens-
situationen der teilnehmenden Kinder im
Auge behalten und miteinbeziehen. Es ist
gerade der Umgang mit Kindern, ihre ur-
sprüngliche Kreativität, die das eigene Han-

deln befruchten können. Kinder sind ernst-
zunehmende kreative Persönlichkeiten!

Bei der Konzeption der Kreativeinheiten haben wir Themen ausgewählt, die für Kinder
interessant sind, wie zum Beispiel Zauberei,
Tiere, usw. Zudem wurde der jahreszeitliche
Zyklus, der das Leben der Kinder stark beeinflusst, berücksichtigt. Die Kreativeinheiten und die in ihnen verfolgten Grundziele
bauen aufeinander auf. So werden Farbmi-

schungen nacheinander eingeführt und in nachfolgenden Einheiten immer wieder aufgegriffen. Auch die zu einem bestimmten Zeitpunkt eingeführten Lieder werden zu späterer Zeit wiederholt. Parallel hierzu wird der Umgang mit Instrumenten angeregt und schrittweise erweitert und vertieft.

Immer wieder findet sich in den Einheiten eine möglichst große Palette an Aktivitäten, die viele Sinne anspricht, zur Bewegung ermuntert, zum Sprechen und Singen einlädt, also immer das ganze Kind einbezieht. Auf diese Weise wird das Malen zu einem ganzheitlichen Prozess, der dem Wesen der Kinder entspricht und ihnen die bestmögliche Entfaltung ihres kreativen Ausdrucks ermöglicht.

Cornelia Dodt
Christine Buchgraber

Einführung

Im Folgenden soll ein kurzer Überblick über die Kunst- und Musikpädagogik und die Entwicklungspsychologie gegeben werden. Diese Überlegungen sind Grundlage der gesamten Konzeption. Sie spiegeln sich in den Angeboten für die Kindern wieder und bilden auch die Basis für die Gespräche mit deren Eltern.

Entwicklungspsychologie Aspekte

Wissenschaftliche Untersuchungen zeigen, dass das Kind im Alter von vier Jahren eine allgemeine Lernreife aufweist[2]. Tätigsein und Gestalten sind Urbedürfnisse des Menschen, wobei es dem kleinen Kind weniger auf das Ergebnis seines Tuns als vielmehr auf die Handlung selbst ankommt, die als Spiel zweckimmanent ist. Ebenso ist die Lernbereitschaft aufgrund des kindlichen Neugierverhaltens und des Tatendrangs im Alter von vier Jahren optimal ausgeprägt. Das Kind verlangt nach Anregung. Die Erfüllung dieses Verlangens beeinflusst auch die gesamte Entwicklung des Kindes positiv und trägt somit zu einer seelischen Ausgeglichenheit bei. Nur durch Anregung kann sich eine Anlage im Kind auch entfalten.

Das bildnerische Denken und kreative Gestalten eines Kindes wird in erster Linie von seiner Erlebniswelt beeinflusst. Das Kind nimmt Erlebnisse über alle ihm verfügbaren Wahrnehmungskanäle auf, wobei die visuelle Wahrnehmung als Ursprung aller geistigen Prozesse eine bedeutende Rolle spielt. Sie ist gleichzeitig auch eng verbunden mit der taktilen und auditiven, sowie der olfaktorischen (geruchsaufnehmenden) Wahrnehmung.

---

[2] (Correll 1978, Oerter 1984)

Musik- und Bewegungspädagogik

Die Bewegung ist eine der frühesten Funktionen des Zentralnervensystems. Sie stellt ein erstes Mittel wortloser Kommunikation dar und ist daher von großer Bedeutung für die psychische und soziale Entwicklung des Menschen.

Die Wahrnehmungs- und Ausdrucksfähigkeiten des Kindes entwickeln sich von seinem 1. Lebensjahr an. Das Kind antwortet auf Wahrgenommenes durch Bewegung oder mit seiner eigenen Stimme. Bereits vier- bis siebenjährige Kinder sind zu differenzierter visueller und auditiver Wahrnehmung fähig, wobei sich das Erinnerungsvermögen vom 4. Lebensjahr an wesentlich stabilisiert. Die Vorstellungskraft ist wegen mangelnder Erfahrung in diesem Alter noch beschränkt. Deshalb ist eine planmäßige und pädagogisch gelenkte Übung der Wahrnehmung zur Förderung der Vorstellungskraft vor allem bei Vier- bis Fünfjährigen von großer Wichtigkeit. Das Kind soll für die Vielfalt akustischer, visueller, taktiler und olfaktorischer Reize sensibilisiert werden. All seine Wahrnehmungs- und Ausdrucksmöglichkeiten brauchen intensive ganzheitliche Förderung.

Mit den einfließenden Musik- und Bewegungsübungen im vorliegenden Band kann, neben einer Hinführung zu gestalterischen Themen, die Grob- und Feinmotorik geschult werden; so werden Bewegungsabläufe koordiniert und Geschicklichkeit, Reaktionsfähigkeit sowie Bewegungssteuerung gefördert. Dadurch wird nicht nur körperliche Sicherheit und Wendigkeit erzielt, sondern auch das Selbstvertrauen durch Erfolgserlebnisse aufgebaut. Außerdem können Durchsetzungsvermögen und Anpassungsfähigkeit aufgrund eigener Wertschätzung und Rücksichtnahme vor jedem anderen Kind entwickelt werden. Neben künstlerisch-musikalischen Aspekten werden demnach auch soziales Verhalten und kommunikative Fähigkeiten gefördert.

Übungen zur Lockerung und Entspannung dienen auch der Konzentrationsschulung. Die Kinder lernen im Spiel aufmerksam zuzuhören, das Gehörte zu behalten, wiederzugeben, in Spielformen umzusetzen und individuell zu variieren.

Die rhythmisch-musischen Intentionen der vorliegenden Kreativeinheiten gliedern sich in verschiedene Kernbereiche:

- Sprache und Gesang
- Elementares Instrumentalspiel
- Hörerziehung und allgemeine Sinnesschulung
- Rhythmik
- Begriffsbildung

Die Förderung geschieht gewissermaßen „automatisch", sozusagen ganz nebenbei, da die Motivation über das kindliche Neugierverhalten und den vorhandenen Spieltrieb erfolgt. Im gemeinsam gestalteten Spiel finden die Kinder zu einem geordneten „Miteinander", das dem Einzelnen Orientierungshilfe sein kann und ihn in seiner Gesamtentwicklung fördert.

Da es weder Konkurrenz- noch Leistungsdruck innerhalb der Gruppe gibt, kann sich jedes Kind nach seinen Möglichkeiten frei entfalten und sich seinem eigenen Rhythmus gemäß entwickeln.

Durch die rhythmisch-musische Erziehung soll vor allem eine positive Einstellung des Kindes zur Musik bewirkt werden. Das Kind empfindet durch Musikhören, Musikmachen und rhythmische Bewegungsspiele Freude an der Musik und der Bewegung. Eine differenzierte Geschmacksbildung wird auf diese Weise unterstützt.

Die Entwicklung der Kinderzeichnung

Kinderzeichnungen können Rückschluss auf den Entwicklungsstand eines Kindes geben. Daher ist es für die Erzieherin wichtig, sich über die Entwicklung der Kinderzeichnung einen groben Überblick zu verschaffen und entwicklungspsychologische Aspekte stets mit zu berücksichtigen.

H.-G. Richter (1990) unterscheidet fünf Entwicklungsphasen und stellt auftretende Merkmale des Formenrepertoires der Kinder detailliert dar. Auch wenn Phasenmodelle den Nachteil haben, dass sie Entwicklungsgeschehen vereinheitlichen, eine einheitliche Entwicklung bei gleichaltrigen

Kindern suggerieren und „Sonderfälle" nicht berücksichtigen, befriedigen sie das rein praktische Interesse, sich über allgemeine Entwicklungstendenzen informieren zu können. Trotzdem ist es wichtig zu beachten, dass die Altersangaben der einzelnen Stufen nicht als „absolut" anzusehen sind, denn Entwicklungsstufen sind nicht zwangsläufig an das Lebensalter gebunden und vorprogrammiert, sondern verlaufen individuell verschieden. Es müssen nicht alle Entwicklungsstufen beschritten werden: Manche Kinder überspringen eine Stufe, manche Stufen dauern länger, andere kürzer und keine Stufe lässt sich auf ein bestimmtes Alter festlegen.

Die Tabelle auf der folgenden Seite zeigt die Entwicklungsphasen und die dazugehörigen Gestaltungstendenzen und charakteristischen Abbildungen in Kinderzeichnungen. Die einzelnen Phasen werden im Anschluss kurz beschrieben und einzelne Abbildungstendenzen graphisch verdeutlicht.

Die Kritzelphase

Während der Kritzelphase setzt das Kind sein pränatales Erleben in zeichnerisches Geschehen um. Grözinger führt die frühesten zeichnerischen Ereignisse auf ein „rotierendes Raumgefühl" des Kindes zurück. Die pränatalen Erfahrungsweisen und Erlebnisspuren des Kindes zeigen sich in den ersten Gebilden:

ab dem 2. Lebensjahr

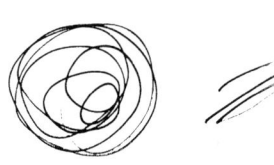

Urknäuel/Urkreuz

ab dem 3. Lebensjahr

Ur-Zick-Zackstrecke / Ur-Kasten

Die Kritzelphase ist von großer Bedeutung. Durch das Kritzeln befreit sich das Kind von seinen pränatalen Erlebnissen[3]. Richter (1990) vertritt die Ansicht, dass sich die Kinder bereits in dieser Phase mitteilen wollen. Die darstellenden zeichnerischen Prozesse beginnen demnach viel früher als dies für den „unbeteiligten Betrachter" sichtbar und einsichtig wird. Situativ-spontane und emotionale Vorgänge gehen bereits in die Kritzelereignisse ein und sind ablesbar, wenn der Betrachter in der Lage ist, Veränderungen zu erkennen und zu dokumentieren.

---

[3] Grözinger 1970

Charakteristische Abbildungen / Gestaltungstendenzen

Phase

5.

4.

3.

2.

1.

Phase	0–3/4	3–4	4–8	8–13	12–13 →
	Kritzelphase (0.–3./4. J.) Freude am Spuren-Hinterlassen überwiegt – rotierendes Raumgefühl – Ur-Kasten – Mandala – Tastformen – Ur-Zick-Zack-Strecke – Allrund – Urknäuel	**Vorschemaphase** (3./4. J.) Erzählstruktur des Bildes ist erkennbar Flächenkoordinaten werden respektiert – Pars pro toto (= ein Teil steht für das Ganze) – Köpfler/Kopffüssler – Hang zur Rechtwinkligkeit – Horror vacui (Angst vor einer leeren Bildfläche)	**Schemaphase** (4./5.–7./8. J.) Mitteilungsgehalt der Bilder wird ersichtlich/ Bildelemente werden in Beziehung zueinander gesetzt/ Bildkonzepte werden individualisiert. – Figur-Grund Beziehung – Richtungsdifferenzierung – Röntgenbilder – Prägnanztendenz – Mischprofil – Bedeutungsgröße – exemplarische Details – Bewegungsdarstellung	**Späte Kindheit** (ab 8./9.–12./13. J.) Realistische Abbildungen/Veränderung der Motivstruktur (Medieneinfluss) – Seitenprofil – Beginn perspektivischer Abbildungen – Karikaturen	**Jugendphase** (ab 12./13.J.) Ende der Kinderzeichnung; Beginn der Erwachsenenzeichnung

Alter

Die Vorschemaphase

Während der Vorschemaphase wird der Weg zu einer „stabilen Darstellung" beschritten. Das Kind lernt, die Bildelemente an den Richtungsrelationen (oben/unten, rechts/links) auszurichten. Die graphischen Gebilde werden mehr und mehr differenziert, und das bildnerische Repertoire des Kindes erhöht sich zunehmend. Die Elemente des Repertoires sind situationsgebunden, kulturabhängig und Traditionen unterworfen. Die Auswahl der Motive ist abhängig von der „Prägnanz", d.h. Kinder malen das, was leichter reproduzierbar ist. Erfahrungen, die das Kind macht, spielen in dieser Zeit eine große Rolle. In der Vorschemaphase lässt sich oftmals eine Handlungs- und Erzählstruktur im Bild nachweisen.

Der Kopffüßler stellt ein *„Pars-pro-toto"* (ein Teil steht für das Ganze) dar. Der Kopf steht stellvertretend für das Ganze, den Kopf und Rumpf.

Der *Hang zur Rechtwinkligkeit* zeigt sich hier in den Armen und Handdarstellungen: die Arme und Hände werden im 90° Winkel angefügt. Diese charakteristische Gestaltung geht einher mit der *Prägnanztendenz*, die besagt, dass Dinge, Personen usw. in ihrer bestmöglichen Ansicht wiedergegeben werden.

Die Schemaphase

Die Schemaphase ist dadurch gekennzeichnet, dass das Kind sich die grundlegenden (grafischen) Merkmale der Personen und Gegenstände erarbeitet hat. Die Entwicklung von Motiven und Bildorganisationen ist somit zu einem vorläufigen Abschluss gekommen. Zwar werden der Darstellung noch einige Details zugefügt, es kommt aber zu keiner grundlegenden Änderung. Das Kind beginnt damit, Darstellungs- und Ausdruckstendenzen, die sich im weiteren Verlauf der Entwicklung fortsetzen, auszubilden. Die zuvor allgemeinen, altersspezifischen und kinästhetischen Aktivitäten, die den unspezifischen Erfahrungen des kleinen Kindes entsprechen, werden zu individuellen, unverwechselbaren Bildkonzepten. Diese Bildkonzepte basieren auf einem Erfahrungsreichtum und der Möglichkeit, die Erfahrungen intellektuell zu sichern.

Der *Figur-Grund-Bezug* wird gewahrt und das Kind grenzt den Vordergrund nun deutlich vom Hintergrund ab. Werden beide Bildebenen gleich behandelt, kommt es zu einer Vermischung des Vorder- und Hintergrundes. Kinder, die so gestalten, nennt man auch *farbdominant*. In *formdominanten* Darstellungen dagegen erscheinen Figur und Grund deutlich voneinander abgegrenzt.

Dinge, Personen, die für das Kind von besonderer Bedeutung sind, werden meist übergroß dargestellt (= Bedeutungsperspektive). Bei der Darstellung bezieht das Kind stets seine eigenen Erfahrungen und Erlebnisse mit ein. Da das Kind malt, was es erlebt[4] und auch mehr oder weniger malt, was es weiß[5], kann es zu *Röntgenbildern* kommen. Natürlich weiß das Kind aus eigener Erfahrung, dass z.B. Häuser nicht durchsichtig sind. Da es aber darstellen will, was sich im Inneren eines Hauses abspielt, malt oder zeichnet es das Haus als Röntgenbild.

Der Prägnanztendenz gemäß kommt es häufig zu *Mischprofildarstellungen*, bei denen Seiten- und Frontalansichten kombiniert werden.

Das Bildschema in der späten Kindheit

Ab dem 8./9. Lebensjahr setzt eine zweite Schemaphase ein, in der sich folgende Tendenzen ablesen lassen:

Das Kind entwickelt Detailfreude, d.h. die dargestellten Motive werden mit einer Fülle von gegenstandsanalogen Details versehen, die deutlich werden lassen, dass das Kind sich mehr und mehr an der Realität orientiert.

Das Bildschema wird umstrukturiert. Im Gegensatz zur „selektiven Bildkonzeption", in der differenzierte Bildzeichen innerhalb eines weniger differenzierten Bildschemas stehen, setzt sich immer mehr eine „ökologische Bildkonzeption" durch. Das gesamte Bild soll gegenstandsanalog visuell organisiert werden und sich nicht mehr nur mit „realistischen Inseln" begnügen.

Wichtig ist, dass man diese Tendenzen nicht verallgemeinert, da jede Person individuell gestaltet, und es unterschiedliche Gestaltungstypen gibt. Nicht jeder orientiert sich in seinen Darstellungen an der Realität.

Die Motivstruktur verändert sich, was Richter u.a. darauf zurückführt, dass die Kinder mehr und mehr von den Medien beeinflusst werden. Häufig finden sich in den Bildern der Kinder nun Elemente der Karikatur und Ironisierung.

Die Jugendphase

Mit dem Beginn der Jugendphase (ab dem 12./ 13. Lebensjahr) wird die Kinderzeichnung von der Erwachsenenzeichnung abgelöst.

---

[4]   Lowenfeld 1960
[5]   Kläger 1987

Erziehung zum kreativen Verhalten und Gestalten

Für das Kind ist die Gegenwart von vorrangiger Bedeutung, vor allem aber seine eigene, von ihm wahrgenommene Gegenwart. Das bildnerische Gestalten ist *eine* Möglichkeit des Kindes, sich seiner Umwelt mitzuteilen. Je nach Entwicklungsstand verändert sich der Mitteilungsgehalt, was nicht zuletzt auf das wachsende Formenrepertoire und die bessere Verfügbarkeit der Techniken zurückzuführen ist.

Wichtig ist insbesondere für die Arbeit mit Vorschulkindern, dass die künstlerischen Tätigkeiten nicht der „Herstellung eines Kunstwerkes" dienen, sondern vielmehr einen primären Zugang zur Bildenden Kunst ermöglichen. Es ist von Bedeutung, dass die Kinder beim Gestalten ihrer „Werke" Befriedigung empfinden und ihnen im Gegensatz zur arbeitsteiligen Berufswelt auch das Gefühl bleibt, etwas Ganzes geleistet zu haben. Dies ist insbesondere in Hinblick auf die Persönlichkeitsentwicklung und das Selbstvertrauen des Kindes wichtig.

Genauso wenig wie künstlerisches Gestalten mit kleinen Kindern der Herstellung eines Kunstwerkes dient, ist die Tätigkeit des Kindes „künstlerisch". Rudolf Seitz macht hier einen elementaren Unterschied zwischen dem Schaffen des Kindes und dem des Künstlers: Während nämlich der Künstler einen Willen zur Form hat, die innerhalb einer Kulturtradition oder gegen sie steht, dient die bildende Gestaltung des Kindes der Auseinandersetzung mit der Umwelt. Während es dem Künstler also um die „Formung" geht, beschäftigt sich das Kind mit dem Inhalt. [6]

Aus diesem Grund sollte im Vorschulalter die inhaltliche Aufgabe den Vorrang vor der bildnerischen Aufgabe haben. Das Kind sollte durch die Früherziehung zur Bildenden Kunst differenzierte Ausdrucksmöglichkeiten auf allen Gebieten erhalten.

Die Freude am Gestalten bei den Kindern aufzugreifen, ihr kreatives Verhalten zu fördern und zu seiner Entfaltung beizutragen, ist für das vorliegende Konzept das oberste Ziel. „Kreativität kann hierbei umschrieben werden mit der Fähigkeit des Menschen neue Denkinhalte hervorzubringen." [7]

Die Erzieherin muss sich zu jeder Zeit bewusst sein, dass sowohl das bildnerische Denken als auch das kreative Gestalten durch die kindliche Entwicklung einem ständigen Wandel unterliegen.

Bildnerisches Denken ist auch gleichzeitig kreatives Gestalten. Wenn hier das kreative Gestalten extra erwähnt wird, so deshalb, weil es mehr beinhaltet als bildnerisches Denken allein. Denn das Kind nutzt ja nicht ausschließlich das Bild, um sein natürliches

---

[6] Seitz 1997
[7] ebd.

Ausdrucksbedürfnis zu verwirklichen, sondern es ist ebenfalls kreativ auf dem Gebiet der Sprache, der Musik, der Bewegung und im szenischen Spiel. Alles Kreative ist in jedem Fall ein wichtiger Bestandteil unseres Lebens, denn das handwerklich-bildnerische sowie das kreative Vermögen, das eigene und das gemeinschaftliche Leben ordnen und gestalten zu können, ist eine Grundvoraussetzung für kulturelle Entwicklung.

Das ganzheitliche Erlebnis als Methode

In der Welt des Kindes steht das Erlebnis im Vordergrund. Die Gedankenwelt des Kindes ist davon so sehr beansprucht, dass das Erlebnis in der Form der wiederholten Erzählung, der Malerei oder Zeichnung, im Lied, wie in jeder Form von Spiel verarbeitet werden muss. Kinder malen, was sie erleben. Wenn ein Kind aber etwas erlebt, so tut es dies mit dem ganzen Körper, mit all seinen Sinnen, nämlich sowohl mit den Augen als auch mit den Ohren, den Händen ... und seinem Verstand.[8]

Mit den 10 Kreativeinheiten eröffnen sich Kindern verschiedene Möglichkeiten, schöpferisch tätig zu werden. Das bildnerische Thema wird nicht allein durch sprachliche Erklärungen eingeführt, sondern mittels Musik und Bewegung, sowie durch optische, akustische und taktile Reize eingeleitet. Dabei dient die Bewegung nicht nur der Motivation, sondern sie ist zugleich Ventil für den angestauten Bewegungsdrang. Die Musik kann dem sprachlichen und motorischen Ausdruckswillen Platz schaffen, bevor eine in erster Linie konzentrierte Phase des „Bildermachens" oder andere Formen schöpferischen Gestaltens in Angriff genommen werden. Die Kinder können also alle Möglichkeiten sich auszudrücken nutzen und darüber hinaus gewinnen sie Raum für eigene Ausdrucksideen, so dass es sich für weitere Erlebnisse aus seiner nächsten Umwelt öffnen kann.

---

[8] Lowenfeld 1960

10 Kreativeinheiten für kleine Künstler

Aufbau der Kreativeinheiten

Die Jahreszeiten mit ihren großen und kleinen Festanlässen rhythmisieren das Leben von Klein und Groß. Im Leben der Kinder sind sie verlässliche Orientierungspunkte und prägend für die kindliche Erlebniswelt. An diese Erfahrungen anknüpfend, soll jede Kreativeinheit für die Kinder ein Erlebnis sein, das lohnt in einem Bild festgehalten zu werden.

Zu Beginn einer Kreativeinheit wird erzählt. Häufig kommen die Kinder in die Stunde und müssen erst einmal berichten, was sich Neues oder Aufregendes ereignet hat. Die ganze Gruppe nimmt daran Anteil und wächst auf diese Weise zusammen.

Musik und Bewegung zu Beginn jeder Einheit bieten die Möglichkeit, Bewegungsstaus abzubauen und gleichzeitig das soziale Handeln zu fördern. Außerdem dienen sie auch der inhaltlichen Vorbereitung auf das gestalterische Thema oder des gestalterischen Ziels einer Kreativeinheit. Lieder sollten auch während der Gestaltungsphase immer wieder einfließen. Je nach Inhalt, Melodie und Rhythmus beleben oder beruhigen die Lieder oder fördern einfach das Gemeinschaftsgefühl. Gerade Kindergartenkindern sollten Bewegungsspiele auch zwischen den Gestaltungsprozessen angeboten werden, damit alle Kreativeinheiten von einem abwechselungsreichen Aufbau zwischen Konzentration und Entspannung profitieren.
Die Phasen wechseln zwischen Gestaltung und Bewegung, Zuhören und Musizieren usw. Wichtig ist, dass die Erzieherin mit Sensibilität die Bedürfnisse der Gruppe und jedes einzelnen Kindes erspürt, damit sie die richtigen Aktivitäten zur richtigen Zeit einzusetzen vermag.

Eine Einheit (ausgenommen die erste Kreativeinheit) ist in der Regel für ca. 90 Minuten konzipiert. Als ideal hat sich eine überschaubare Gruppengröße von bis zu 10 Kindern erwiesen.

Raumgestaltung und Materialauswahl

Die folgenden Angaben zum Raum und zu den Materialien geben die idealen Bedingungen wieder. Selbstverständlich können die Kreativeinheiten auch unter weniger günstigen Bedingungen und mit weniger Material durchgeführt werden. Das Improvisationstalent der Erzieherin kann Vieles wettmachen.

Insbesondere derjenige, der die Chance hat, einen Malraum neu einzurichten, findet im Folgenden wertvolle Hinweise.

Bei den Arbeitsutensilien muss bedacht werden, dass sie den Gestaltungsprozess wesentlich beeinflussen. Achten Sie deshalb auf gute Qualität. Viele der nachfolgend aufgelisteten Materialien sind in Kindertagesstätten oder Malschulen ohnedies vorhanden. Der Vollständigkeit halber sollen sie aber alle genannt werden.

Die Anschaffung der meisten Produkte muss nicht teuer sein. Es lohnt sich (fast) immer, ortsansässige Firmen, Geschäfte, Druckereien etc. nach Restposten oder Abfallprodukten zu fragen.

Für einige Malstunden sind auch Bildbetrachtungen von Kunstwerken vorgesehen. Abbildungen in Bildbänden oder Kunstpostkarten genügen für diesen Zweck. Geeignete Bildbände, die Sie in Bibliotheken ausleihen können, nennen wir in den Fußnoten zu den entsprechenden Kreativeinheiten.

Der Einfachheit halber ist bei allen Materialangaben immer eine Gruppenstärke von 10 Kinder zugrunde gelegt. Die Anzahl der zu beschaffenden oder bereitzustellenden Materialien kann entsprechend der tatsächlichen Gruppengröße individuell angepasst werden.

Raumgestaltung

Im Raum sollte ein Wasseranschluss mit großem Waschbecken vorhanden sein. Pflegeleichter Bodenbelag ist von Vorteil. Der Raum sollte mit Tageslicht ausreichend versorgt sein und zusätzlich durch helles Kunstlicht erleuchtet werden können. Es sollten sowohl 10 Arbeitsplätze an Tischen verfügbar sein, als auch die Möglichkeit bestehen, mit 10 Kindern gleichzeitig am Boden zu arbeiten und Bewegungsspiele (z.B. Laufen) durchzuführen. Arbeitsmaterial, das stets auch für die Kinder erreichbar sein sollte (siehe unter Material), wird in offene Regale sortiert. Instrumente, Werkzeuge und andere Materialien verschließt man am besten in Schränken. Stapeltrockner oder Hängevorrichtungen zum Trocknen von nassen Bildern sowie eine Ausstellungswand sind empfehlenswert.

Ein direkter Zugang zum Hof oder Garten rundet den idealen Malraum ab. Insbesonre an warmen Sommertagen kann man dann viele Elemente der Kreativeinheiten im Freien erproben.

Der Arbeitsplatz

Für die Arbeit am Boden empfiehlt es sich für jedes Kind eine 1 cm starke Pressspanplatte in der Größe 65 × 90 cm bereitzustellen. Auf den Spanplatten werden die jeweiligen Malpapiere mit Kreppklebeband befestigt. Eine große, feste Plastikplane kann auf dem Boden ausgelegt werden, sofern der Bodenbelag von Farbflecken verschont bleiben muss. Zur Arbeit am Boden bietet es sich an, Sitzkissen zu verwenden.

Weitere wichtige Materialien:
- Pappstreifenreste aus Kopierläden
- Makulaturpapier als Restposten von Druckereien
- alte Tapeten
- Packpapierrollen
- Transparent- und Seidenpapiere
- Stoff- und Wollreste
- Schnüre
- Mallappen
- alte Frottee- und Geschirrtücher
- Scheuermilch
- Kratzschwamm
- Eimer
- Kleister
- Kreppklebeband
- Tesafilm

- Plastikbehälter mit Deckel
- Radierer
- Anspitzer
- Cutter

Für jedes Kind und für die Erzieherin jeweils einmal vorhanden sein sollten:
- dicke und dünne Haar- und Borstenpinsel (Stärke 8/12/16)
- verschließbare Gläser
- weiche Bleistifte
- Zeichenkohle
- Graffittstäbe
- Spritzsiebe
- Zahnbürsten
- Kinderscheren
- wasserfester Holzleim

Als Malgrund werden in erster Linie die Rückseiten alter Tapeten verwendet, sowie weißer A2 und A3 Karton und farbiges Tonpapier im Format 50 × 70 cm.

Materialsatz für jedes Kind
Empfehlenswert ist es, wenn jedes Kind seinen eigenen Materialsatz besitzt, der immer im Gruppenraum bereit liegt. So kann der verantwortungsvolle Umgang mit Kunstmaterialien schon frühzeitig angebahnt werden:
- 1 Farbtablett mit 6 kreisrunden Vertiefungen, dazu passend 6 Temperapucks in den Farben Weiß, Schwarz, Karminrot, Ultramarinblau, Saftgrün oder Blaugrün, Zitronengelb
- 1 Borstenpinsel, Größe 12

😊 1 Malblock, weiß DIN A3 mit 40–50 Blatt

😊 1 Packung mit 24 Ölpastellkreiden farbig gemischt

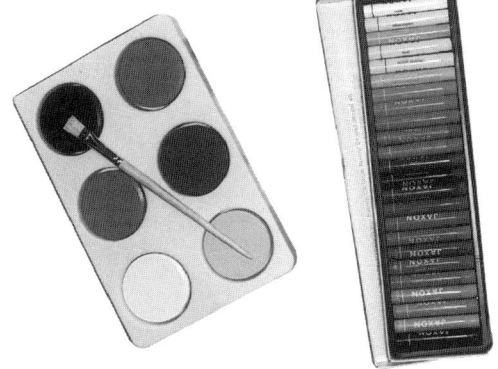

Diese Materialien sollten nicht zu jeder Kreativeinheit hervorgeholt werden, sondern je nach Bedarf. Erfahrungsgemäß ist es sinnvoll, Ersatz von allen Materialien bereit zu legen.

Selbstverständlich wäre es auch für die Erzieherin selbst sinnvoll, einen Materialsatz zu besitzt, um einige Techniken vor ihrem Einsatz erproben zu können.

Wünschenswert sind folgende zusätzliche Malmaterialien:

- Fingermalfarben / Aquarellfarben in den Grundtönen Rot, Gelb und Blau, Schwarz und Weiß
- Gouachemalfarbe

■ Dickis (besonders dicke in Holz gefasste Buntstifte)

Musikinstrumente und Rhythmikmaterial

An Musikinstrumenten werden Teile aus dem kleinen Schlagwerk zur Verfügung gestellt, von denen wir hier einen Vorschlag angeben. Je nach musikalischen Kenntnissen der jeweiligen Erzieherin kann dieser Grundsatz natürlich erweitert werden.

Musikinstrumente
■ 1–5 Handtrommeln, Durchmesser 25 cm
■ 11 Paar Klanghölzer
■ 1–2 Holzblocktrommeln

■ 1–2 Röhrenholztrommeln
■ 3–5 Triangeln verschiedener Größe
■ 5 Paar Fingercymbeln
■ 3 Becken unterschiedlicher Größe
■ 1 Glockenspiel
■ 10 Rasseln (auch selbstgebaute)
■ 1 Schellenkranz
■ 1 Altxylophon mit mindestens 11 einzelnen Tönen (c' d' e' f' fis' g' gis' h' b' c' cis'), ideal ist eine weitere Tonleiter und einzelne Basstöne (z. B. c' e' g f' a' c' h' d')
■ Zu allen Instrumenten sollten die dazugehörigen Schlegel vorhanden sein.

Rhythmikmaterial
■ 22 farbige Chiffontücher
■ 11 Bälle (verschiedene Größen)
■ 11 Seile

1. Der Zottelbär

Intention
Ablauf kennen lernen
haptischer Umgang mit Farbe

Technik
Fingermalfarbe, mit allen Fingern
gleichzeitig auf Tapetenrückseite
malen

Medien / Material
Rahmentrommel
Chiffontücher
Namensschilder
Teddybären
Fingerfarben
Tapeten (60 × 40 cm)
Lappen

I. Erleben mit vielen Sinnen

Eingewöhnung

Diese Kreativeinheit soll ausführlich beschrieben werden, da sie als Beispiel für alle
weiteren dienen kann.

Sie bietet gerade solchen Malgruppen, die
neu zusammengesetzt sind und bei denen die
Kinder vielleicht noch nicht miteinander
vertraut sind, die Möglichkeit des Kennen-
lernens und Herantastens. Auch für Gruppen, die sich schon gut kennen, liegt der
Wert dieser Einheit vor allem in der elementaren haptischen Erfahrung, die die Kinder
beim Umgang mit Fingerfarbe machen können. In diesen Gruppen können einige Elemente der Kennenlernphase entsprechend
ausgelassen oder abgewandelt werden.

Vor Beginn dieses ersten Kreativangebots
wird jedes Kind gebeten, ein Stofftier von zu
Hause mitzubringen. Bei kleineren Kindern
kann das mitgebrachte Kuscheltier als Unter-
stützung bei der Kontaktaufnahme dienen.
Wenn ein Kind nicht bereit ist, mit der Erzieherin selbst zu sprechen, lässt es sich doch
meistens gefallen, wenn die Kuscheltiere untereinander ins Gespräch kommen. Die Erzieherin steht vor der Aufgabe, Eltern und
Kinder für sich und für die Materie zu gewinnen. Eine offene herzliche Art und Sensibilität im Umgang mit den Kindern, die zunächst lieber in Ruhe alles betrachten möchten, ohne gleich „mitzumischen" erleichtert
diese Phase. Findet die Malgruppe außerhalb
der Kindertagesstätte, der Schule oder der
bekannten Spielgruppe statt, empfiehlt sich
das Kennenlernen der Eltern auf einem Elternabend oder einer anderen Veranstaltung
schon im Vorfeld der ersten Malstunde.
Dann kann die Erzieherin ihre Ziele darlegen
und die Eltern über die entwicklungspsycho-
logischen Aspekte der Früherziehung in der
Bildenden Kunst informieren.

Es gibt immer wieder Kinder im Alter von 4 und 5 Jahren, die Ablöseschwierigkeiten haben und nicht ohne Mutter oder Vater bleiben wollen, obwohl sie gerne am Gruppengeschehen teilnehmen möchten. Wir haben die Erfahrung gemacht, dass es in der Regel keine gute Lösung ist, wenn Eltern im Malraum anwesend sind. Die Kinder sind durch den Zuschauer abgelenkt und insbesondere das „Problemkind" sitzt meistens mehr auf dem Schoß der Eltern, als dass es den Anschluss an die Gruppe oder die Nähe zur Erzieherin finden könnte. Bei späteren Einheiten, wenn sich die Beteiligten schon länger kennen, ist die Teilnahme von Eltern durchaus eher passend, in einigen Fällen, da Mithilfe erforderlich ist oder eine „Offene Kreativeinheit" angeboten wird, sogar wünschenswert. Wir haben den Kompromiss gefunden, dass in der ersten Einheit dem begleitenden Elternteil ein Stuhl direkt vor die Raumtür gestellt wird, während die Tür zum Raum einen Spalt weit offen gelassen wird. Die Begleitperson muss natürlich entsprechend Zeit und Geduld mitbringen und daher darauf vorbereitet sein.

Dem Kind wird erklärt, dass die Begleitperson dort sitzt und nicht weggeht und es jederzeit hinaus gehen kann. In der Regel wird dieses Angebot von den Kindern akzeptiert und auch besonders zu Beginn der Kreativeinheit einige Male in Anspruch genommen. Die Begleitperson bezeugt dann ihre Anteilnahme, wenn sie aufgesucht wird und schickt das Kind zurück in den Raum. Erfahrungsgemäß sucht das Kind die Begleitperson nur einige Male auf, wird dann jedoch vom Gestaltungsablauf in den Bann gezogen und bleibt gerne bei der Gruppe.

Auch Eltern, die zu Beginn aus verständlicher Neugier einfach zuschauen möchten, sollte man immer versuchen klar zu machen, dass dadurch zu Beginn das Gruppenverhalten gestört werden kann. Es ist daher besser, die Eltern auf eine späteren Zeitpunkt zu vertrösten, bzw. in einer anderen, schon längere Zeit bestehenden Gruppe hospitieren zu lassen. Wenn die anfänglichen Probleme überwunden sind (die hoffentlich nicht zuviel Zeit in Anspruch nehmen), kann die Erzieherin beginnen, sich auf Ziele und Inhalte zu konzentrieren, die die Kinder in der Regel schon voller Spannung erwarten.

Sprachrhythmus

Die Kinder kennen ihre Namen. Aber kennt jedes auch seinen „Klatschnamen"?

Die Erzieherin hat für jedes Kind ein Namensschild in ansprechender, kindgerechter Form gestaltet (z.B. in Form eines Bärenkopfes) und mit Bändern zum Umhängen versehen. Die Schilder können in neuen Gruppen der Gedächtnisstütze der Erzieherin dienen, zugleich sind sie auch Anlass für die persönliche Kontaktaufnahme zu jedem Kind. Wenn man die Schilder vor dem Bauch verdeckt hält, erwartet jedes Kind mit Spannung und Neugier den Zeitpunkt, an dem sein Name aufgerufen wird. Unter jedem Namen sind dicke Punkte notiert, soge-

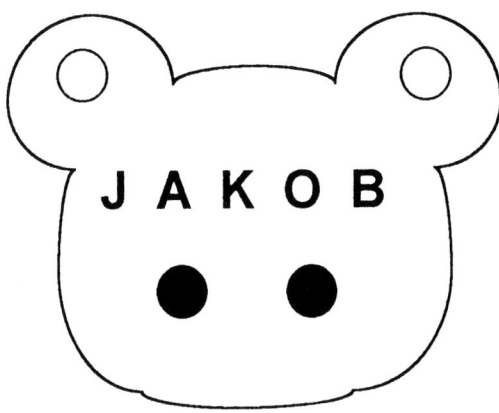

jüngere Kinder schwer zu klatschen sind. Die meisten Kinder tendieren dazu, die einsilbigen Namen zweisilbig zu klatschen und auszusprechen: „Je-hens". Mehrsilbige Namen wie „Dorothea" erfordern zudem mehr Konzentration bei der Koordination von Sprache und Bewegung. Haben alle Kinder ihr Schild umhängen, kann man die Namen als „Kette" klatschen. Das erfordert Konzentration und schult die Motorik.

Rhythmisches Bewegungsspiel

„Sucht euch einen Platz im Raum und bleibt dort stehen." Gleich im Anschluss an diese Bitte wechselt – möglichst übergangslos – der sprachrhythmische Teil in ein Bewegungsspiel. Die Pausen zwischen den Aktivitäten sollten nicht zu groß sein, damit die Spannung erhalten bleibt.

Zum Einstudieren des Ablaufs von Bewegungen vereinbart die Erzieherin mit den Kindern bestimmte Bewegungsabläufe zu bestimmten, auf der Rahmentrommel geschlagenen Rhythmen. In der ersten Kreativeinheit sollten die Bewegungen sehr einfach sein. So können die Kinder aufgefordert werden auf schnelle (Achtel-)schläge zu trippeln, auf gemütliche (Viertel-)schläge zu gehen und auf langsame (Halbe-)schläge mit Tüchern zu schwingen. Die Tücher werden in einem Korb oder einer Kiste in die Raummitte gestellt, so dass die Kinder sie leicht herausholen und wieder zurücklegen können. Die Erzieherin sollte darauf achten, nicht nur die Zeichen eindeutig unterscheidbar zu

nannte „Klatschpunkte". Den Kindern wird erklärt, dass sie ihren Namen nicht nur sprechen und schreiben, sondern auch klatschen können. Die Kinder äußern Vermutungen. Schnell kommen sie auf die Lösung: Der Zusammenhang zwischen Namen und Klatschpunkten wird erkannt. Auf dem Namensschild steht z. B. „Fa-bi-an" und unter diesen Namen sind drei Punkte notiert. Der Name wird von der Erzieherin dreimal zum Wortrhythmus geklatscht und alle Kinder werden aufgefordert, den Namen mitzuklatschen und zu sprechen. Bei den folgenden Namen können die Kinder anhand der aufgemalten Punkte schon selbst erraten, wie oft der Name geklatscht wird. Die Erzieherin kann auch den Namen angeben und dann die Kinder raten lassen, wie viele Klatschpunkte dieser haben muss. Die Namen mit mehr als drei und weniger als zwei Silben (z. B. „Doro-the-a" oder „Jens") sollten besser zum Schluss genannt werden, da sie besonders für trommeln, sondern auch ihren Sprachrhythmus dem Trommelschlag anzupassen. Während sie beim ersten Durchgang die Bewegungen angibt, schlägt sie bei der Wiederholung lediglich den Rhythmus und lässt die Kinder die entsprechenden Bewegungen erraten. Zwischen den einzelnen Tempi ist ein prägnantes Pausenzeichen erforderlich. Man kann z. B. mit den Kindern vereinbaren, dass sie sich nach jedem Bewegungsablauf auf zwei kurz hintereinander folgende laute Trommelschläge blitzschnell auf den Boden setzten und schlagartig verstummen. Diese Reaktionsübung macht den Kindern großen Spaß und sie haben Zeit, sich auf das nächste Zeichen zu konzentrieren. Die Übung kann in späteren Kreativeinheiten noch vielfach variiert werden. Zusätzlich kann man in dieser ersten Kreativeinheit den Bewegungsrhythmus aufnehmen, der zu Anfang gesprochen und gestampft, später nur noch an der Schlagfolge auf der Trommel erkannt wird. Er ermöglicht einen guten Übergang zur Liedeinführung.

Dieses Bewegungsspiel hilft u. a. dabei Bewegungsstaus abzubauen, sich in der Gruppe und im Raum zu orientieren und die Rücksichtnahme auf andere zu fördern, da man sich auf eine Laufrichtung einigen muss. Außerdem lernen die Kinder den Parameter „Tempo" in Körperbewegung umzusetzen und werden in ihrer Reaktionsschnelligkeit geschult. Nach ca. 10 Minuten finden sich alle wieder in Ruhe im Sitzkreis zusammen und das Lied wird gesungen.

Jakob hat kein Brot im Haus

Liedeinführung

Mit den Worten: „Schaut, hier ist Jakob, der Zottelbär." präsentiert die Erzieherin den Kindern einen möglichst zotteligen Teddy, der auch ein Namensschild um den Hals tragen sollte.

Die Erzieherin singt das Lied mit dem Teddy im Arm einmal vor und fordert dann die Kinder auf, zuerst Textteile nachzusprechen und dann mitzusingen. Präzise und eindeutige Bewegungen mit dem Bären helfen den Kindern dabei, sich den Text zu merken und bringen Abwechslung in das zu lernende Lied. Dieses Lied kann außerdem – ganz nach Fantasie der Kinder – beliebig erweitert werden, Zum Beispiel „Jakob hat keine Wurst im Haus …".

II. Bildnerisches Gestalten

Vorbereitend sollte die Erzieherin die Fingermalfarben bereits in Farbschalen gefüllt und die Tapetenstücke mit Kreppklebeband an den Malbrettern befestigt haben. Das Befestigen der Malpapiere kann in späteren Einheiten von älteren Kindern übernommen werden. Mallappen sollten bereitgelegt werden.

Nachdem das Lied einige Male gesungen wurde, schaut sich die Erzieherin ihren Zottelbären ganz genau von vorne an und fragt die Kinder warum er wohl „Zottelbär" heißt. Die Erzieherin versucht das Zottelige des Fells in die Technik des Fingerfarbenma-

lens einfließen zu lassen, indem sie ihre Fingerspitzen in bereits vorbereitete Farbtöpfe eintaucht. Jeder Finger wird in eine andere Farbe getunkt und so mit allen zehn verschiedenfarbigen Fingern gleichzeitig das zottelige Wesen auf das Papier gebracht. Dabei deutet die Erzieherin die Größe des Bären blattfüllend an und zeigt wie man mit allen Fingern gleichzeitig (statt mit einem Pinsel) das Fell farbig gestalten kann. Wichtig ist, dass sie den Malvorgang wirklich nur andeutet und nicht den Teddy ganz darstellt, da einige Kinder sich sonst sehr stark an dieser Abbildung orientieren und versuchen könnten, sie nachzugestalten oder sich nicht mehr trauen selbst anzufangen. Grundsätzlich sollte nichts vorgemalt werden!

Erfahrungsgemäß malen manche Kinder begeistert mit allen Fingern, während andere nach wie vor einen Finger wie einen Stift linear einsetzen (vgl. Abb. S. 30 u. 50).

Regeln aufstellen

Schon bei dieser ersten Kreativeinheit gilt es, einige Regeln aufzustellen. Alle Kinder haben ihr eigenes Tapetenstück erhalten und werden aufgefordert, beim Malen nur mit denselben Fingern in dieselbe Farbe zu gehen, so dass die einzelnen Farbtöpfe nicht verschmutzen. An den bereitgelegten Mallappen können die Kinder ihre Finger abwischen, bevor sie die Farben wechseln. Für jüngere Kinder werden die Farben in Deckel (Einmachglas- oder Gurkenglasdeckel) gefüllt, so dass nicht gleich ganze Farbtöpfe ver-

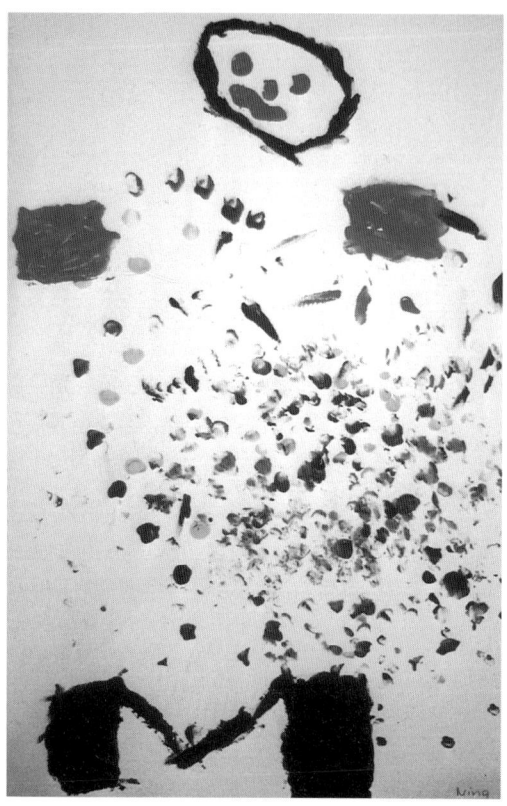
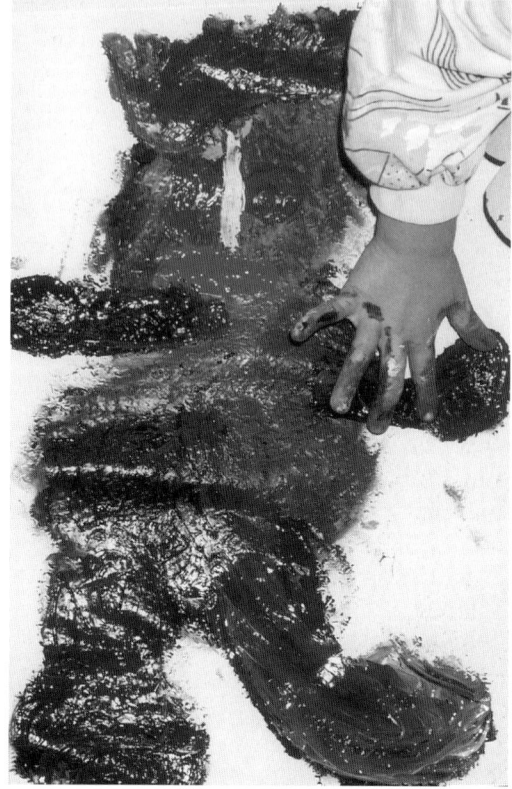

schmieren, wenn die Kinder vor lauter Tatendrang die Regeln vergessen.

Die Rolle der Erzieherin

Es ist wichtig, dass die Erzieherin während dieser Phase individuelle Beiträge aufgreift, das heißt, sie muss ständig herumgehen und schauen und die einzelnen Kinder in ihrem Tun bestätigen bzw. ermuntern und beraten. Einzelne Arbeiten hochzuheben, ist neben der Bestätigung für den Einzelnen auch ein Anreiz für die Gruppe, andere Ideen zu akzeptieren und sich durch diese zu neuem bildnerischen Denken inspirieren zu lassen. Unsichere Kinder neigen dazu, das Bild ihres Nachbarn zu kopieren. Diese Kinder brauchen besondere Fürsprache und Vorabbestätigung, durch die ihnen klar gemacht wird, dass auch ihre eigenen Ideen, ihr Können und damit ihr individuelles Bild Anerkennung finden wird. Dennoch gibt es immer wieder vereinzelt Kinder, die einfach nur gucken wollen – auch dabei findet ein Lernprozess statt. Oder es gibt Kinder, die vorzeitig aufgeben (besonders jüngere), weil sie die Bilder anderer besser finden oder ihre Energie vorerst erschöpft ist. Die Erzieherin sollte an dieser Stelle nicht verzweifeln und das Kind nicht immer wieder aufs Neue zum Malen drängen, sondern es mit einer Bildbetrachtung der Ergebnisse beschäftigen (z.B. Benennen und Beschreiben anderer Ideen), oder ein für das Kind aktuelleres Thema aus seiner Erlebniswelt ansprechen. Dadurch kann ein Kind durchaus wieder zur Gestaltung angeregt werden.

Die erste Kreativeinheit sollte je nach Gruppe und Konzentrationsstarke der Kinder nicht länger als 60 Minuten dauern. Die Kinder müssen sich zunächst an den Ablauf gewöhnen und sollten nicht überstrapaziert werden.

Elternarbeit

Wichtig ist jetzt vor allem die Elternarbeit. Die Eltern sind natürlich auf den Verlauf der Kreativeinheit genauso gespannt, wie es zuvor die Kinder waren – aber die Eltern sehen erst einmal nur die Ergebnisse.

Es hat sich als günstig erwiesen, wenn die Eltern jeweils 5 Minuten vor Beendigung der Malstunde in den Raum gebeten werden. Erzieherin und Kinder setzen sich rechtzeitig vorher im Kreis zusammen (nachdem sie bereits gemeinsam aufgeräumt haben), üben noch einmal kurz das in der Kreativeinheit gelernte Lied, den Tanz, oder das Spiel o.Ä. und bitten dann die Eltern gemeinsam in den Raum einzutreten, um ihnen etwas vorzuführen, zu singen, zu tanzen etc. Häufig werden die Eltern animiert mitzusingen, mitzuklatschen oder einfache Instrumente zu spielen.

Danach wollen die Kinder ihre Werke zeigen und die Erzieherin erklärt kurz Intentionen, Techniken, Inhalt und Hinführung der Einheit, hebt positive Aspekte (bei jedem Bild!) hervor und schildert ihre Entstehungsgeschichte oder besser, fordert einzelne Kinder dazu auf, die Erklärungen zu geben.

Der öffentlich wertende Vergleich von „fertigen Produkten" aus Kinderhand sollte sowohl von der Erzieherin, als auch von den Eltern vermieden werden. Die Beweggründe und Gestaltungserfahrungen jedes einzelnen Kindes spielen eine Rolle. Die Erzieherin wird zu jedem Bild, das mit Mühe gestaltet, in jeder Form, die mit Anstrengung gebaut wurde, ein hervorzuhebendes Form- oder Farbgefühl entdecken, oder auch die besondere Situation eines Kindes während des Schaffens zu beschreiben wissen.

Die Eltern bekommen auf diese Weise einen Eindruck von jeder Kreativeinheit. Außerdem werden zur Gedächtnisstütze oder Wiederholung für zu Hause Noten, Texte, Anleitungen etc. verteilt.

Bei Kindern spielt die Einstellung der Eltern zum kreativen Gestalten und bildnerischen Denken eine wichtige Rolle. Das Kind nimmt sein eigenes Schaffen nur insoweit ernst, als dies auch seine Eltern tun. Ebenso kann das Interesse von anderen Verwandten und Freunden beeinflussende Wirkung haben. Das anregendste Beispiel sind natürlich nahestehende Mitmenschen, die selbst kreativ tätig sind. Doch besonders in Bezug auf das bildnerische Denken, das sich beim Erwachsenen völlig anders vollzieht als beim Kind, kann das Kind durch von außen herangetragene Wertmaßstäbe in seiner Entfaltung behindert oder gefördert werden. Daher ist es für die Entwicklung der Kinder wesentlich, dass die Eltern dem Bildinhalt und dem Gestaltungsprozess mehr Bedeutung zumessen, als dem Endprodukt, das sie oft als „Kunstwerk" betrachten möchten.

Die Eltern müssen erkennen, dass das Kind mit jeder Gestaltung etwas zum Ausdruck bringen will, auch wenn nicht jedes Bild dem „Geschmack" oder der Erwartung von Erwachsenen entspricht.

2. Der Fisch verschluckt viele bunte Formen

Intention
Kennenlernen eines Kunstwerkes,
freie Umsetzung organischer Dinge in
geometrische Formen

Technik
Malen mit Ölkreiden,
eine Figur grafisch gestalten

Medien / Material
Klanghölzer für jedes Kind
Rahmentrommel
Fühlsäckchen mit runden und ecki-
gen Formen
Paul-Klee-Poster oder Bild in Farbe
Ölpastellkreiden
Malblöcke DIN A3

I. Erleben mit vielen Sinnen

Einführung der Klanghölzer
In dieser Kreativeinheit werden zum ersten
Mal Instrumente, nämlich die Klanghölzer
eingesetzt. Zum Umgang mit den Instrumenten sollten gleich zu Beginn einige Regeln auf spannende Art und Weise aufgestellt
werden. Erfahrungsgemäß haben Instrumente Aufforderungscharakter und vielen uner-
fahrenen Erzieherin gerät eine Gruppe bereits
beim Verteilen der Instrumente außer Rand

und Band. Für die Kinder ist es eine spannende Aufgabe, wenn sie die Klanghölzer gleich
bei Erhalt unter die Achselhöhlen, je eines
rechts, eines links, festklemmen, angeregt
durch die Frage: „Wer kann mit den Klanghölzern unterm Arm festgeklemmt gehen,
ohne dass diese herunterfallen?" Man teilt
also die Klanghölzer aus, klemmt sie unter die
Arme und wandert auf diese Weise in den
Sitzkreis am Boden. Auch hier bleiben die
Klanghölzer noch festgeklemmt. Die Erzieherin hält durch ständige Beobachtungen und
Ermunterung die Teilnehmer in Spannung.
Bei späteren Musikpausen kann dies wiederholt werden, oder man hält, den Nachah-
mungstrieb nutzend, die Klanghölzer sitzend
zwischen den Oberschenkeln fest, um dann
in Ruhe sprechen zu können. In dieser Kreativeinheit wird der Name „Klanghölzer" gelernt und Spielweisen mit ihnen erprobt, ehe
sie zum ersten Einsatz beim Bewegungsspiel
kommen.

Rhythmisches Bewegungsspiel
Das rhythmische Bewegungsspiel dient be-
reits der Hinführung zum Thema „Fisch".
Die Klanghölzer werden nun in unterschied-
lichen Tempi eingesetzt. Auf das entspre-
chende Tempo, das die Erzieherin auf der
Trommel anschlägt (z.B. drei Viertelschläge,
Pause), laufen die Kinder zu ihren Instru-

menten und schlagen diese im Rhythmus, während sie, ebenfalls im Rhythmus, dazu im Raum umhergehen. Sie können dazu aufgefordert werden, die Schläge durch Sprache zu unterstützen und z. B. „di-cker Fisch" während des Laufens zu sprechen. Der Rhythmus kann variiert und das Tempo erhöht werden. Auf ein bestimmtes Zeichen hin (z. B. ein lauter Schlag) werden die Klanghölzer an einen vereinbarten Platz des Raumes gelegt (nicht alle auf einen Haufen, sondern jedes Kind legt seine Hölzer an einen bestimmten Platz). Zu den anderen Tempi werden entsprechende Aktionen ohne Klanghölzer ausgemacht z. B.:

 Schlagen von Achteln – seitliches Laufen wie ein Krebs

 Schlagen von Vierteln – Schwimmen wie ein Fisch

 Schlagen von Halben – Wiegen wie eine große Welle

Die Kinder sollten nach und nach dazu angeregt werden, selbst Ideen einzubringen. Auch das Schlagen der Trommel kann nach einiger Zeit von eingeübten Kindern übernommen werden.

Klanghölzer begleiten ein Lied

Die Kinder nehmen ihre Klanghölzer wieder auf, klemmen sie unter den Arm und begeben sich gemeinsam mit der Erzieherin in den Sitzkreis am Boden. Anknüpfend an die erste Kreativeinheit werden nun die Namen der Kinder im Wortrhythmus mit den Klanghölzern begleitet. Das Lied „Jakob

Zottelbär" und der Sprechvers werden wiederholt. Die Erzieherin spricht zur Erinnerung den Text der ersten Strophe des Liedes vor und schlägt dazu die Klanghölzer. Gemeinsam mit den Kindern wird das Lied nochmals gesungen und rhythmisch mit den Klanghölzern begleitet. Anschließend legen alle ihre Instrumente in die Mitte des Sitzkreises.

Ratespiel und Formen tasten

Das Erfinden und Erraten von Gesten bietet den Kindern Möglichkeiten zur Bewegung und regt ihre Fantasie an. Die Erzieherin lässt am Ende der Raterunde die Gesten „Schwimmen" und „Rudern" erraten. Der Übergang zum Ertasten und Benennen von geometrischen Formen kann geschaffen werden, indem die Erzieherin zunächst ein Klangholz hochhebt und fragt, ob es rund oder eckig sei. Mit der Aufforderung: „Wir wollen mal fühlen, was in diesem Sack alles an runden oder eckigen Formen versteckt ist!", kann die Erzieherin überleiten. Sie stellt einen großen Leinensack voller eindeutiger runder und verschiedener vieleckiger Formen in die Kreismitte. Da das Spiel zur Hinführung dient, sollte es nicht zu viel Zeit in Anspruch nehmen. Eine Auswahl von wenigen bunten geometrischen Formen aus Pappe geschnitten (ca. 5 × 7 cm), erfüllt den

Zweck am besten. Die Kinder greifen nacheinander in den Fühlsack hinein und ziehen je eine Form heraus. Die Kleineren können die Ecken der gefühlten Form zählen, Schulkinder versuchen, die richtige Form zu benennen. Anschließend werden alle Formen auf den Boden gelegt und gemeinsam versuchen die Kinder, daraus einen großen Fisch zu legen.

An Stelle der Formen aus Pappe oder zusätzlich dazu kann die Erzieherin auch Formen aus buntem Papier schneiden, mit denen die Kinder im Anschluss an die folgende Bildbetrachtung oder am Ende der Kreativeinheit einen Gemeinschaftsfisch kleben können.

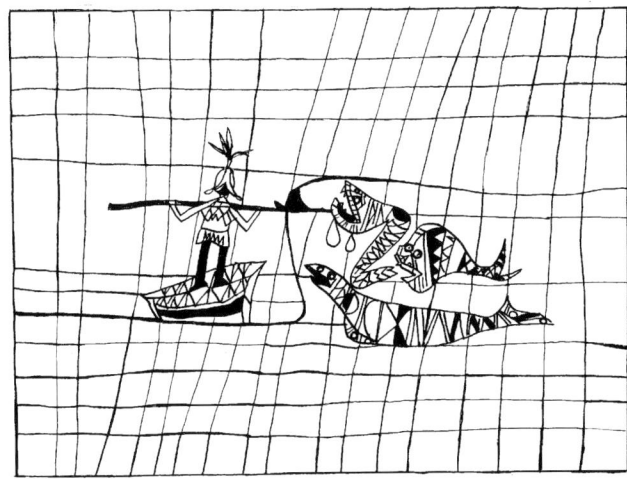

II. Bildbetrachtung und Bildgestaltung

Die Bildbetrachtung steht im Mittelpunkt dieser Kreativeinheit. Gemeinsam betrachtet die Gruppe das Bild „Sindbad, der Seefahrer" von Paul Klee[9]. Die Besonderheit dieses Bildes besteht darin, dass es gänzlich aus geometrischen Formen aufgebaut ist.

Zeigen Sie nicht gleich das ganze Bild. Zu Beginn kann man die Figuren im Bild verdecken und nur einen Teil des Meeres am unteren Bildrand sichtbar werden lassen. Auf die Frage, was das wohl sei, raten die Kinder in der Regel „Wasser". Und schon entfaltet sich ein Gespräch. Auf die Frage „Woran erkennt ihr, dass das Wasser ist?", kommt meist die Antwort: „... weil es blau ist." Auf die Bedenken „Ja, aber ist denn Wasser eckig?" merken die meisten Kinder, dass für sie die Form nicht von Bedeutung war. So kann man nach und nach andere Bildteile betrachten, und die Kinder entdecken lassen, dass das ganze Bild aus geometrischen Formen aufgebaut ist, bzw. ein Raster unterlegt wurde und dass hierin die besondere künstlerische Idee von Paul Klee bestand.

---

[9] Abbildungen dieses Klee-Bildes finden sich in vielen Kunstbildbänden, z.B. in:
• Susanna Partsch, Paul Klee, Benedikt Taschen Verlag, Köln 1990.
• Taschen Poster Book, Paul Klee, Benedikt Taschen Verlag, Köln 1996.

Wer mag, kann die Geschichte von Sindbad, dem Seefahrer, erzählen und ähnliche Bilder von Klee zeigen.

Gestalten mit Ölkreiden

Die neu erhaltenen Ölkreiden haben Aufforderungscharakter. Die Erzieherin regt an, damit ebenfalls in geometrischen Formen einen „Riesenfisch", „Seeungeheuer" oder „Zauberfisch" zu malen. Der Hinweis, „Vielleicht hat der Fisch schon viele bunte

Formen verschluckt!", kann die Kinder motivieren, den Körper mit fantasievollen Flächen zu füllen (siehe Abbildungen). Die Kinder werden aufgefordert, neue Formen und Farben zu „zaubern", indem sie Farbschichten übereinander malen (vgl. S. 51).

Tipps

Wer die Möglichkeit hat, mit den Kindern ein Aquarium anzuschauen, sollte sie nutzen. Sollte nach dem bildnerischen Gestalten noch Zeit sein, lässt sich diese Kreativeinheit auch mit dem Vorlesen der Geschichte „Fisch ist Fisch" von Leo Lionni [10] abschließen.

Elternarbeit

Für die Eltern ist vor allem die Vorgehensweise dieser Kreativeinheit und die Bildbetrachtung interessant. Das Betrachten des Klee-Bildes kann man in Kurzfassung auch mit den Eltern durchführen, um ihnen einen besseren Einblick in die Inhalte der Malstunden zu geben.

---

[10] Leo Lionni, Fisch ist Fisch, Middelhauve, München 1991.

3. Der Apfel und der Wurm

Intentionen
Mischen von Grün,
Kennenlernen der Temperafarben,
Sinnesschulung

Technik
Malen mit Temperafarben (Pucks)

Medien/ Material
Rahmentrommel
Klanghölzer
Rasseln
Obst
Apfel
Gemüse
Korb
Tuch
Messer
Wassergläser

I. Erleben mit vielen Sinnen

Rhythmisches Bewegungsspiel
Zum Anfang haben die Kinder Gelegenheit, sich zum Einsatz der Instrumente zu bewegen. Der Einsatz von Klanghölzern für Viertelnoten wird nun um die Rasseln für Achtelnoten ergänzt. Halbenoten können gestampft werden. Außerdem kann man eine erste Kombination aus Achtel- und Viertelnoten für den Galopp einführen, den alle Kinder gerne springen und bei dem sie sich austoben können.

Musikalischer Teil
Wenn die Kinder genügend Bewegungsfreiheit hatten, kommen die neuen Instrumente als Begleiter zum Lied der 1. Kreativeinheit zum Einsatz. „Jakob Zottelbär" kann getrommelt werden, anschließend werden dann die Liedschwerpunkte „gerasselt". Die meisten Kinder lernen das am besten durch Nachahmung. Wenn sie zu jung sind, sollte man auch unkoordinierte Begleitformen zulassen. Mit älteren Kindern kann man versuchen, ein kleines rhythmisches Zusammenspiel zwischen Klanghölzern und Rasseln zu gestalten.
Nachdem „Jakob Zottelbär" den Auftakt zum rhythmischen Gestalten bildete, werden die für diese Einheit neuen Schlüsselwörter in Klänge umgesetzt:

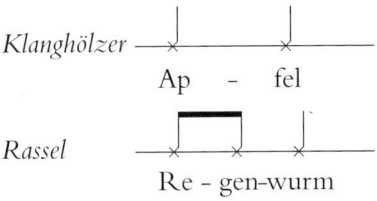

In meinem kleinen Apfel

1. In___   mei - nem   klei - nen   Ap - fel,   da___
2. In___   je - dem   Stüb - chen   woh - nen   zwei__
3. Sie___   träu - men   auch   noch   wei - ter   gar___

sieht   es   lus - tig   aus.   Es___   sind   da - rin   fünf
Kern - chen   schwarz   und   fein.   Die__   lie - gen   drin   und
ei - nen   schö - nen   Traum,   dass__   sie   einst   wer - den

Stüb - chen,   grad   wie   in   ei - nem   Haus.
träu - men   vom   lie - ben   Son - nen - schein.
hän - gen   am   lie - ben   Weih - nachts - baum.

Sinnesschulung

Nachdem die Instrumente beiseite geräumt wurden, kann mit dem Tast-, Riech-, Schmeckspiel begonnen werden. Dazu sollte ein Korb voller Gemüse und Früchte, rote, grüne und gelbe Äpfel, Zitronen, Orangen, Karotten, Bananen und anderes, unter einem Tuch verdeckt bereitgestellt sein. Der Korb wird in die Kreismitte gestellt und die Erzieherin erzeugt Spannung, indem sie ein Ratespiel ankündigt. Die Kinder dürfen nun nacheinander verschiedene Obst- und Gemüsesorten ertasten. Für jedes Kind sollte wenigstens eine Frucht vorhanden sein. Ist die Geduld der Kinder erschöpft, bevor alle Früchte ertastet wurden, werden die restlichen Früchte ohne Tastspiel hervorgeholt und gemeinsam befühlt, erschnuppert, probiert und benannt.

Ein grüner Apfel wird zum Schluss vor aller Augen in der Mitte durchgeschnitten, so dass die fünf Kerngehäusekammern samt Kernen genau zu erkennen sind:

Nach gemeinsamen Betrachten und Zählen der Kammern und Kerne, nach dem Riechen, Schmecken und Essen kann man kurz noch weitere Apfelsorten schmecken und unterscheiden lassen und dann das Lied „In meinem kleinen Apfel" einführen.

Liedeinführung

Kinder, die das Lied „In meinem kleinen Apfel" schon kennen, können bei der Einführung des Textes unterstützend mitwirken. Bei kleineren Kindern sind begleitende Gesten zum Lernen und Merken des Textes hilfreich.

Der Apfel und der Wurm

In dieser Kreativeinheit steht das Mischen von Grün im Mittelpunkt. Dazu hören die Kinder eine kleine Geschichte, die als Federzeichnung und mit dem Foto eines grünen Apfels (aus einer Illustrierten oder selbst fotografiert) gezeigt und erzählt wird.

An einem schönen, sonnigen Tag liegt in Omas Küche, auf dem alten Holztisch ein schöner, grüner, dicker, runder Apfel. Die Sonne scheint zum Küchenfenster herein und kitzelt unseren Apfel am Bauch, so dass er sich recht wohl fühlt. „Ach, ist das herrlich!", seufzt der Apfel und hört nicht, wie sich langsam die Küchentür öffnet …

… und herein kommt ein kleiner gelber Wurm. „Habe ich einen Hunger!", sagt der Wurm und schnuppert dabei vor sich hin. „Hm, was duftet hier so frisch und saftig?", und langsam klettert er den Tisch hinauf …

… bis er den dicken, grünen, runden Apfel entdeckt. „Oh, bist du aber ein schöner grüner Apfel, so richtig zum Anbeißen!", jubelt er. „Und ich habe solchen Hunger!" „Ich bin viel zu groß für dich, antwortet der Apfel, „Wenn du mich isst, bekommst du ganz sicher Bauchschmerzen."

„Ach was, ich doch nicht!", denkt der Wurm, er ist sich ganz sicher und hat „knack" schon den ersten Biss hinuntergeschluckt. „Hm, schmeckt das gut!", schwärmt er und kann vor lauter Gier gar nicht mehr aufhören.

Bald sieht der Wurm schon gar nicht mehr aus wie ein Wurm, sondern wie ... (Die meisten Kinder sagen an dieser Stelle: „...wie eine Schildkröte" oder „... wie eine Schnecke", was die Erzieherin dann in die Geschichte einbauen kann.)

... und er frisst und frisst und frisst und sieht am Ende selbst aus wie ein ... (Apfel) und nicht mehr wie ein Wurm. Und übel ist ihm auch schon, ja ganz grün vor Übelkeit wird der Wurm im Gesicht.

Als er am Abend in sein Haus gehen will, passt er gar nicht mehr durch die Tür. Und so muss er die ganze Nacht draußen schlafen. Als der kleine Wurm am anderen Morgen erwacht ...

... ist er zum Glück wieder ganz dünn geworden, und er fühlt sich viel besser. Aber was war mit seiner Haut geschehen? Ganz grün sah er aus, ebenso grün, wie tags zuvor der Apfel. Und so muss er sich zeitlebens daran erinnern, dass er einmal an einem Tag einen ganzen Apfel aß und ganz fürchterlich dick davon geworden war.

Beim Zeigen und Vortragen der Geschichte ist es wichtig, dass die Kinder immer nur ein Bild zu sehen bekommen und das nächstfolgende Bild auch erst an der spannendsten Stelle des Erzählens gezeigt wird. Je jünger die Kinder sind, desto mehr gehen sie mit und identifizieren sich anfänglich mit dem Apfel, später mit dem Wurm. Für ältere Kinder hat diese Geschichte eine Art Comic-Effekt. Sie gestalten später auch oft ihre eigenen Geschichten mit Sprechblasen. Achten Sie beim Erzählen besonders auf die Schilderung der grünen, saftigen Farbe, da sie das hinführende Element für das bildnerische Gestalten ist.

Wenn der Wunsch nach einem nochmaligen Erzählen aufkommt, kann man die Geschichte in Kurzform noch einmal mit den Kindern wiedergeben, indem man gemeinsam zu den Bildern assoziiert.

II. Bildnerisches Gestalten

Danach erhalten die Kinder zum ersten Mal die Temperafarben. Die Erzieherin holt die nur mit Blau und Gelb bestückten Farbtabletts hervor und kündigt an, dass man mit den neuen Farben nun auch ganz tolle grüne, dunkelgrüne und hellgrüne Äpfel und Würmer malen könnte.

Die Kinder kommen meist schnell selbst darauf, dass man die Farben wohl mischen muss. Wie das funktioniert, kann mit einem kleinen „Zaubertrick" demonstriert werden:

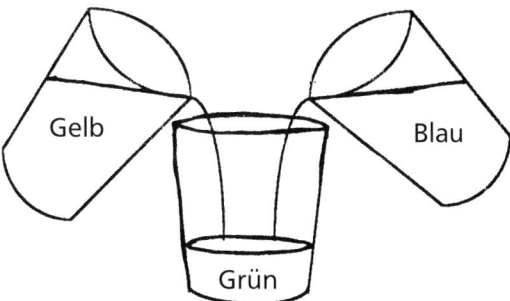

Die Erzieherin sollte drei saubere Gläser bereitstehen haben, von denen zwei mit Wasser gefüllt und das dritte leer ist. Zuerst wird die gelbe Farbe mit dem Pinsel schaumig gerührt. Bevor der gelbe Pinsel in das erste Wasserglas getaucht wird, fragt man die Kinder, wie sich das Wasser wohl verfärben wird. – Gelb, klar!

Dann wird der Pinsel gründlich gesäubert (Mallappen) und das Gleiche mit der blauen Farbe im zweiten Glas wiederholt. Nun zum Zaubertrick: „Was passiert wohl, wenn die beiden Farben zusammengeschüttet werden?" Die Kinder äußern Vermutungen und dann kippt die Erzieherin von beiden Gläsern gleichzeitig langsam etwas farbiges Wasser in das dritte leere Glas (etwas mehr Gelb als Blau). Zur weiteren Demonstration kann mal mehr Gelb und mal mehr Blau zugegeben werden, damit die Kinder beobachten können, dass der Farbtonwert von der Menge der jeweiligen Farbe, die hinzugegeben wird, abhängig ist.

Um dann beim Malen kräftige Farben zu erhalten, sollte man den Kindern auch das Mischen im Puck selbst zeigen – gibt man mehr Gelb dazu erhält man Gelb-Grün, mehr Blau heißt Blau-Grün.

Sich richtig austoben und experimentieren kann ein Kind am besten in den Farben selbst. Reinigt man die Pucks zwischendurch mit etwas Wasser und einem Lappen oder hält sie auch mal unter fließendes Wasser, werden sie leicht wieder sauber. Zu beachten ist, dass man sich möglichst nicht am Ende einer Kreativeinheit damit aufhalten sollte,

sämtliche Kästen zu reinigen; dies nimmt kostbare Zeit in Anspruch. Das Reinigen der Kästen sollten die Kinder selbst erledigen, die Älteren können den Kleineren helfen oder die Eltern unterstützen die Kinder zu Hause, bevor die Farben festgetrocknet sind.

Es empfiehlt sich, die Malkästen in einem Holz- oder Plastikbehälter aufzubewahren, um das Tropfen und das Verschmieren des Malblocks zu vermeiden. Außerdem sollte jedes Kind immer einen Mallappen (z.B. ein altes Geschirrhandtuch o.Ä.) dabei haben.

Apfel-Wurm-Bilder

Nun können die Kinder die Aufgabe, ihr eigenes Apfel-Wurmbild mit gelber und blauer Temperafarbe zu gestalten, in Angriff nehmen. Das Mischen von Grün steht hierbei im Vordergrund. Wenn die Kinder durch die Anregungen der Erzieherin möglichst viele verschiedene Grüntöne gemischt haben, verlangen sie häufig nach dem Komplementärton Rot. Diesem Wunsch kann man den Kindern erfüllen. Grün, Weiß und Schwarz werden aber erst zu einem späteren Zeitpunkt verteilt.

Je nachdem, zu welchem Grün-Thema sich die Kinder motiviert fühlten, kann man am Ende dieser Kreativeinheit die unterschiedlichsten Ergebnisse erhalten. Die jüngsten Kinder malen oft drei oder vier verschieden grüne Äpfel und einen gelben Wurm, nur einen großen Apfel und einen Wurm oder viele Würmer und viele punktartige Äpfel mit rotem Stiel. Manche Kinder mischen einfach nur verschiedene Grüntöne und malen sie linien- oder punktförmig auf ihr Papier. Es gibt auch Kinder, die vor lauter Mischbegeisterung völlig vergessen, ihre Mischergebnisse zu Papier zu bringen.

Die Eltern neigen dann dazu enttäuscht zu sein, wenn sie kein adäquates Ergebnis vorfinden. Jedoch sollten weder Erzieherin noch Eltern vergessen, dass das Kind seine Erfahrungen mit Grün trotzdem gemacht hat und das ziemlich intensiv. Die Auswirkungen können in späteren Bildern erkennbar sein. *Das Ergebnis ist nie so wichtig, wie das Tun selbst.* Die Erfüllung, die das Kind allein durch seine Mischaktion empfinden kann, sollte ihm nicht genommen werden. Die Erwachsenen sind es, die immer wieder vorzeigbare Ergebnisse erwarten. Ältere Kinder bringen durchaus schon blattfüllende Apfelstillleben aufs Papier, die in einer Vielzahl von Grüntönen gehalten sind (vgl. Abb. S. 54). Häufig malen die Kinder auch ihre eigene Apfel-Wurm-Geschichte auf mehrere Blätter, die dann später zu Büchern oder Kalendern zusammengebunden werden können. Es kommt auch vor, dass die Kinder der Erzieherin ihre Geschichten diktieren und diese dann später zu den Seiten geheftet werden können. Das Schreiben kann auch von den Eltern zu Hause übernommen werden.

Flexibilität beim Thema

Diese ausführlich beschriebene Kreativeinheit soll zeigen, dass die in ein Thema eingebundene Aufgabe (wie das Mischen von Grün anhand einer Apfel-Wurm-Geschichte), weder hier noch in anderen Malstunden als „muss" für die Kinder angesehen werden darf. Sind die Kinder von einem Inhalt begeistert und stellt er für sie ein verarbeitungswertes Erlebnis dar, sind sie auch bereit dieses anzunehmen. Dennoch kommt es häufig genug vor, dass im Privatleben eines Kindes etwas Wichtigeres, Ereignisreicheres vorgefallen ist, was das Kind viel intensiver beschäftigt. Dann sind die Kreativeinheiten dazu da, dem Kind Verarbeitungsmöglichkeiten anzubieten. Ein Bild zu einem Autounfall kann ein grünes Auto, eine grüne Ampel o.Ä., der Geburtstag ein grünes Geschenk oder einen grünen Luftballon enthalten. Selbst wenn uns das Kind nur einen einzigen grünen Fleck in seinem Bild zeigt, hat es etwas gelernt: das Mischen von Grün!

Betrachten der Kinderbilder

Um den Kindern nochmals die Möglichkeit zu geben, ihre Farbmischungen zu reflektieren, bietet es sich an, die entstandenen Bilder im Sitzkreis gemeinsam zu betrachten. Die Kinder können Auskünfte zu ihren eigenen oder zu anderen Bildern geben. Hierbei geht es nicht um schön oder hässlich! Vielmehr lassen sich Erzieherin und Kinder erklären, was und wie etwas auf einem Bild dargestellt ist und wie im Einzelnen die Grüntöne gemischt wurden.

Bevor die Eltern hereingebeten werden, können die Kinder auf Bildpostkarten sehen, wie einige große Meister mit Grüntönen umgegangen sind. Kunstpostkarten von Van Gogh, Cezannes, Monet oder Rousseau bieten sich an. Es muss hier keine großartige Bildbetrachtung stattfinden. Es reicht aus, wenn die Namen der Künstler und die Bildtitel kurz genannt werden. Die Kinder vergleichen, welcher Künstler am meisten Grün benutzt hat und suchen die hellsten und dunkelsten Grüntöne heraus.

4. Murmelspuren

Intention
Experimentelle Technik erfahren

Technik
Rollen von Glasmurmeln mit Fingermalfarbe

Medien / Material
Rahmentrommel
Klanghölzer
Cymbeln
Rasseln
Papier (150 × 200 cm)
evtl. Wollknäule
evtl. Kleister
Bilder oder Postkarten
von Jackson Pollock [11]
Murmeln
Löffel
Ölkreiden
Fingerfarben
Schuhkartons
Papiere, die in die Kartons passen
Lappen

I. Erleben mit vielen Sinnen

In der 4. Kreativeinheit geht es um Bewegung und das Hinterlassen von Bewegungsspuren. Zu Beginn vereinbart die Erzieherin mit den Kindern bestimmte Zeichen, die bestimmten Bewegungen zugeordnet sind. Ertönt das Zeichen, machen die Kinder die entsprechende Bewegung. Günstig ist es, wenn die Erzieherin ein Instrument spielen und damit alle Einsätze selber geben kann.

Das Galoppieren auf die Kombination von Viertel- und Achtelschlägen kann in jeder Kreativeinheit stattfinden. Auf Viertelschläge wird gelaufen; auf Halbeschläge können die Kinder eine Ölkreide zur Hand nehmen und zu den Schlägen der Trommel gemeinsam Spuren auf ein großformatiges Bild (ca. 150 × 200 cm) malen. Es entsteht eine bunte Spurensammlung.

Statt der Trommelschläge lässt sich auch Musik einsetzen, die wie beim Spiel „Reise nach Jerusalem" beim Einschalten Einsatz zum Malen und beim Abschalten Beendigung des Vorgangs angibt. Eine andere Möglichkeit besteht darin, die elementaren Instrumente aus dem kleinen Schlagwerk einzusetzen; z.B. können auf den Schlag von Vierteln mit den Klanghölzern kräftige zackige, eckige Spuren, auf den Klang der Fingercymbeln weiche geschwungene Spuren

---

[11] Abb. z.B. in: Jackson Pollock Ausstellungskatalog, Düsseldorf, 11.07–03.10.1999, Text: Volkmar Essers, Kehrer-Verlag, Heidelberg 1999.

und auf die Achtelschläge der Rasseln, kurze, punktartige Spuren auf dem Papierbogen hinterlassen werden. Die grafische Umsetzung der Töne in Malspuren können sich die Kinder selbst ausdenken.

Musikalischer Teil

Jedes Kind sollte ein Paar Fingercymbeln erhalten. Die Erzieherin stellt das Instrument vor und die Kinder probieren es aus. Die anderen, bereits bekannten Instrumente, wie Klanghölzer und Rasseln, werden hinzugezogen. Jetzt kann schon ein kleines Percussion-Ensemble – wie rechts dargestellt – das Lied „In meinem kleinen Apfel" (Seite 38) begleiten.

Größere Kinder können die Cymbeln schon auf die Pausen einsetzen. Ganz kleine Kinder begleiten mit allen Instrumenten gleichzeitig im Wortrhythmus.

Percussion – In meinem kleinen Apfel

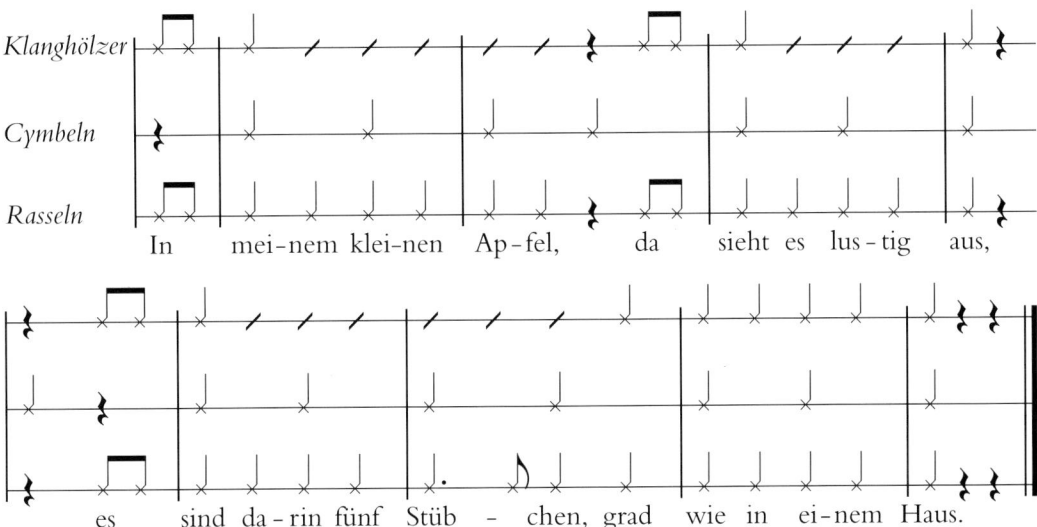

Klanghölzer

Cymbeln

Rasseln

In mei-nem klei-nen Ap-fel, da sieht es lus-tig aus,

es sind da-rin fünf Stüb – chen, grad wie in ei-nem Haus.

Thematische Hinführung / Gemeinschaftsarbeit

Danach betrachtet die Gruppe gemeinsam das Ergebnis der Malspuraktion und benennt die unterschiedlichen Liniengebilde.

Eine Gemeinschaftsarbeit „Netzwerk aus Wollfäden" kann angeschlossen werden. Diese Aufgabe sollte man nur mit etwas reiferen Kindern durchführen: Ein großer Papierbogen (ca. 100 × 100 cm) wird auf den Boden gelegt. Danach verteilt man mit den Händen oder einem großen Pinsel dick angerührten Kleister über den gesamten Bogen. Die Kinder und die Erzieherin sitzen am Boden um das Papier herum und nun beginnt die Erzieherin, einem gegenübersitzendem Kind ein Wollknäuel zuzuwerfen. Das Wollknäuel sollte fest gewickelt und nicht zu groß sein (Größe eines Tischtennisballs). Die Erzieherin muss dabei das Ende des Fadens am Papierrand im Kleister mit einem Finger festhalten, so dass eine Wollspur von ihr zum gegenübersitzenden Kind entsteht. Nun muss das Kind selbst den Finger auf den Faden an seinem Bildrand legen und das Knäuel zu einem andern Kind werfen. Diese Technik ist nicht sehr einfach und muss erst vorsichtig von Kind zu Kind geübt werden, bis alle Kinder verstanden haben, dass der Faden beim Werfen festgehalten werden muss. Dann kann man nach und nach immer mehr bunte Wollknäuel hinzukommen lassen. Das Ganze macht viel Spaß, ergibt ein buntes Netzwerk und viele klebrige Finger.

Eine andere Möglichkeit ein Netzwerk in Gemeinschaftsarbeit entstehen zu lassen, die man auch mit jüngeren Kindern gut durchführen kann, sind Murmel-, Pingpong-, oder Tennisballspuren auf großem Format. Auch diese Arbeit sollte am Boden und nur mit einer beschränkten Anzahl großer Murmeln oder kleiner Bälle angefertigt werden. Jeweils die zwei gegenübersitzenden Kinder bekommen gemeinsam eine Kugel und jeder von ihnen ein Töpfchen von der gleichen Farbe. Bevor die Kugeln über das Blatt gerollt werden, tunken die Kinder sie in die Farbe und schicken sie dann mit einem leichten Stoß auf den Weg zum Gegenüber. Wenn man das Blatt von Zeit zu Zeit etwas dreht, entstehen vielfältigere Spuren. (Lappen für die Finger bereitlegen!)

Bildbetrachtung

Wenn das Gemeinschaftswerk ein dichtes Liniengefüge erhalten hat, sollte die Erzieherin verschiedene Kompositionen von Jackson Pollock hervorholen. Auch Fotos, die ihn während der Arbeit zeigen, können als Gesprächsgrundlage dienen. Man kann die Kinder mutmaßen lassen wie und womit der Künstler die Farbe aufgetragen hat. Schnell kommen sie auf die Idee, dass Pollock die Farbe durch Aufspritzen und Tropfen auf riesige Formate gebracht hat. Die Tatsache, dass er teilweise Löcher in die Böden seiner Farbtöpfe bohrte und diese dann über die Leinwand schwenkte, fasziniert die meisten Kinder.

Man spricht mit den Kindern über die Wirkung der Bilder (Dichte, Transparenz, Überschneidungen, Formatfüllung, Art der Schichtung etc.) und versucht zu erkennen, welche Farben zuunterst und welche zum Schluss aufgetragen wurden (z.B. von hell nach dunkel). Ebenso kann man die Farbwahl verschiedener Bilder unterscheiden.

II. Bildnerisches Gestalten

Die Kinder werden nun zur Einzelarbeit angeregt, in der ähnliche Bilder entstehen sollen, wie Jackson Pollock gestaltete. Sollte die „Murmel-Kullertechnik" noch nicht in der Gemeinschaftsarbeit erprobt worden sein, können die Kinder überlegen, wie man mit den vorhandenen Materialien (Schuhkartons, kleine, in die Schuhkartons passende Papierformate, Murmeln, Fingerfarbe in kleine flache Schalen mit einem Durchmesser von ca. 8 cm gefüllt und Löffel) wohl Bilder anfertigen kann. Erfahrungsgemäß erraten die Kinder schnell die Technik:
Die Murmel wird mit einem Löffel in der Farbe gerollt, herausgenommen und auf das

wird, ehe man sie erneut in Farbe eintaucht. Wichtig: Die Namen der Kinder sollten jeweils vor dem Bearbeiten auf die Papierrückseiten geschrieben werden! Es ist erstaunlich, welche weiteren Gestaltungsmöglichkeiten die Kinder finden, wenn sie genügend Freiraum haben. Einige beginnen mit den Löffeln Spuren in die feuchte Farbe zu ritzen, andere tropfen erst die Farbe auf das Papier und lassen dann die Murmeln über die

Papier im Schukarton gelegt. Nun wird der Karton in verschiedene Richtungen gekippt, die Murmel beginnt zu „kullern" und hinterlässt eine Farbspur. Vorsichtig wird die Kugel in das Farbschälchen zurückgelegt und der Vorgang wird mit einer neuen Murmel und einer anderen Farbe wiederholt (vgl. Abb. S. 54)

Die Murmel-Kullertechnik kann jedes Kind nacheinander mit einzelnen Murmeln oder auch mit mehreren Kugeln gleichzeitig ausprobieren. Wichtig ist, dass die einmal eingefärbte Kugel in ihren ursprünglichen Farbtopf zurückgelegt wird oder saubergewischt

Kleckse kullern. Es gibt bei dieser Technik kein „Richtig" oder „Falsch". Das Experimentieren sollte im Vordergrund stehen.

In der Regel gestalten die Kinder bei dieser Aufgabe eine Vielzahl von Bildern und wollen die Kärtchen später als Postkarten, Buchdeckel, Untersetzer o.Ä. verwenden. Man kann auch runde Formate mit Farbspuren versehen. Die Umgestaltung vom „Kunstwerk" zum Gebrauchsgegenstand, sollte allerdings die Ausnahme bleiben. Das Zweckdenken der Kinder kann bei solchen Formaten natürlich nicht ausgeschaltet werden und ist ja durchaus auch kreativ.

„Der Zottelbär", Mädchen, 5 Jahre

Zottelbären entstehen durch das Malen
mit allen zehn Fingern.

„Der Fisch verschluckt viele bunte Formen"

Bilder von …

… 4- bis 8-Jährigen

Ergänzung

Wer noch weiterem Schaffensdrang der Kindern nachgehen möchte, kann im Anschluss an dieses erste Experiment kleine Einwegspritzen ohne Nadeln mit verschiedenen Farben (verdünnte Fingermalfarbe oder Tusche) füllen und diese den Kindern zur nächsten experimentellen Bildgestaltung anbieten. Dazu empfiehlt sich das Arbeiten im Freien.

Besprechen der Kinderbilder

Am Ende sollte auf jeden Fall eine kurze Bildbesprechung stattfinden. Häufig kann man diese auch schon während des Arbeitens einfließen lassen und dabei neue Ideen von einzelnen Kindern aufgreifen und als Anregung weitergeben. Die Kinder beobachten bereits während des Gestaltungsprozesses, wie sich eine Bildfläche allmählich verdichtet und können in der abschließenden Werkbetrachtung besonders dichte Stellen suchen und zeigen. Überschneidungen, Farbkontraste und Farbwirkungen werden auf diese Weise reflektiert.

5. Großer bunter Schmetterling

Intention
Mischen von Orange

Technik
Gestalten mit Temperafarben

Medien/ Material
vorgefertigte Pappschmetterlinge
Handschmetterlinge
farbige Klarsichtfolien in Rot, Gelb
und Blau
Tempera-Farben
Ölkreiden
DIN A2-Papier
Wassergläser

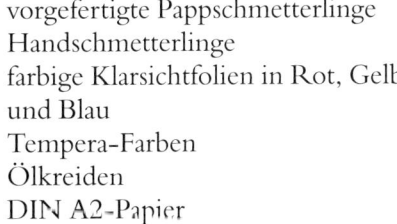

falten

nochmal falten,
wieder aufklappen

ausschneiden

einschneiden

I. Erleben mit vielen Sinnen

Für diese Kreativeinheit müssen einige Vor-
bereitungen getroffen werden:
Aus etwa 11 × 21 cm großen Pappstücken
oder aus Tonpapier wird für jedes Kind und
für die Erzieherin selbst auf einfache Weise
ein kleiner Handschmetterling gefertigt. Die
Pappstücke werden einmal in der Mitte ge-
faltet und wie folgt eingeschnitten:

Der gebastelte Schmetterling kann nun über
den Zeigefinger gezogen werden. Durch
leichtes Auf- und Abschwingen bewegen
sich seine Flügel auf und nieder. Mit Hilfe

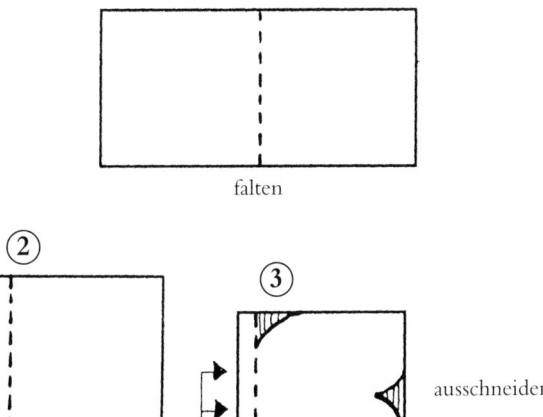

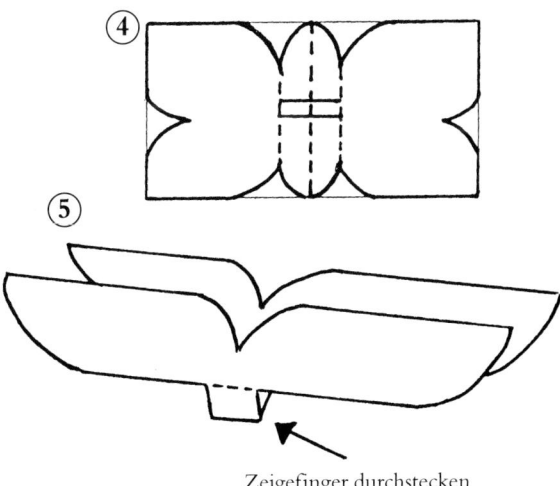

Zeigefinger durchstecken

Aus Gelb und Blau entstehen viele
verschiedene Grüntöne.

Murmelspuren-Bilder entstehen
durch eine einfache Technik.

„Der Apfel und der Wurm"

Murmelkullerbild

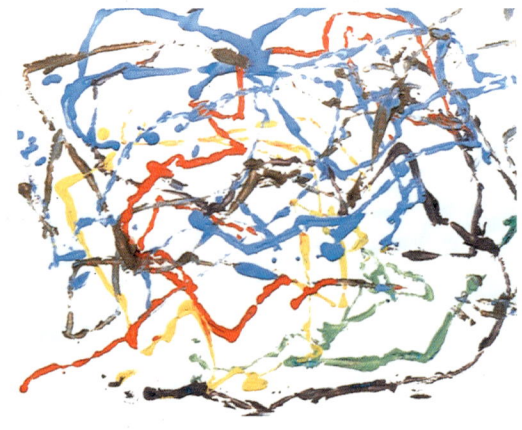

*„Großer bunter
Schmetterling"*

*Mischen von
Orange mit Rot
und Gelb.*

der zweiten Hand kann man die Flügel schließen. Der Schmetterling der Erzieherin sollte mit Ölpastellkreiden bunt bemalt sein, möglichst fantasievoll, nicht nach dem Muster eines natürlichen Schmetterlings.

Musik und Bewegung

Jedes Kind erhält einen Schmetterling und probiert aus, wie er fliegt. Die Erzieherin bittet die Kinder in einen Sitzkreis am Boden und fordert sie auf, die Hand mit dem Schmetterling in die Kreismitte zu legen. Der Schmetterling der Erzieherin hat die Flügel geschlossen („Er schläft noch"); die Kinder werden zum Nachahmen animiert.

Liedeinführung

Die Erzieherin singt den Kindern das Lied „Morgens sind die Schmetterlinge müde vor dem Haus" vor und begleitet es gestisch mit dem Handschmetterling. Die Kinder imitieren automatisch die Aktionen der Erzieherin

mit ihrem eigenen Schmetterling. Zu den Worten „und sie breiten ganz, ganz langsam ihre Flügel aus" öffnet auch die Erzieherin die Flügel ihres Schmetterlings ganz behutsam. Für gewöhnlich geraten die Kinder dann so ins Staunen über den schönen, bunten Schmetterling, dass eine Aufforderung, die eigenen Schmetterlingsflügel farbig zu gestalten, gar nicht mehr folgen muss. Mit Ölkreiden gestalten die Kinder ihre Schmetterlinge ganz nach eigener Fantasie. Erst wenn alle Schmetterlinge fertig sind (das geht in der Regel sehr schnell, da nur die Flügeloberseiten bemalt werden), wird das Lied fortgesetzt. Bitten Sie die Kinder darauf zu achten, dass der Schmetterlingskörper an der Stelle, an der der Finger durchgesteckt wird, keine Farbe erhält, da sonst Finger und Farben beim Spiel verschmieren. Die Erzieherin singt nun gemeinsam mit den Kindern das Lied zum Schmetterlingsspiel, das sich auch hervorragend zur Bewegungsbegleitung eignet, z. B.:

Morgens sind die Schmetterlinge
müd vor unserm Haus
und sie breiten ganz, ganz
langsam ihre Flügel aus.
Schmetterlinge fliegen durch
die weite Welt
und sie ruhen sich dort aus wo's
ihnen gut gefällt.

Kinder hocken am Boden mit Schmetterling und halten dessen Flügel geschlossen.
Kinder öffnen langsam Schmetterlingsflügel und stehen dabei auf.
Kinder laufen mit Handschmetterling, die Flügel auf und ab bewegend, durch den Raum.
Kinder bewegen sich langsamer und platzieren ihre Hand mit Schmetterling an einem beliebigen Platz im Raum.

Schmetterlinge

Text: Rolf Krenzer, Musik: Ludger Edelkötter

2. Mittags sind die Schmetterlinge munter vor dem Haus
und sie breiten ganz ganz langsam ihre Flügel aus.
Schmetterlinge fliegen durch die weite Welt ...

3. Abends müssen alle Schmetterlinge müde sein,
suchen sich ein stilles Plätzchen und sie schlafen ein.
Schmetterlinge fliegen durch die weite Welt ...

„Der Wunder-
blumengarten"

*Ölpastellkreiden
leuchten auf
farbigem Grund.*

*Malen mit Ölpastellkreiden
auf farbigem Grund.*

*Malen braucht
Konzentration und Vertiefung.*

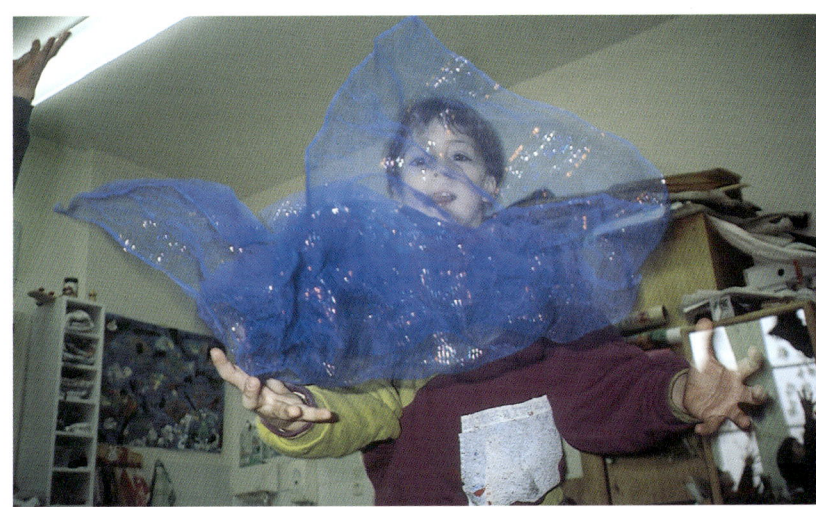

*Wunderblumen
aus Tüchern*

II. Bildnerisches Gestalten

Auf den Malbrettern hat die Erzieherin bereits DIN A2 große weiße Papiere mit Kreppklebeband befestigt. Natürlich dürfen die Kinder ihre eigenen großen, bunten Fantasieschmetterlinge nun mit Temperafarben malen. Und damit sie trotz ihrer beschränkten Palette (Rot, Blau, Gelb), auch noch andere Farben malen können, verrät die Erzieherin ihnen, wie man Orange mischt:

Zuerst wird das Mischen von Grün in Erinnerung gerufen, das von der Apfel-Wurm-Geschichte meist noch gut im Gedächtnis haften geblieben ist. Dann kann man, ähnlich wie bei der dritten Kreativeinheit, mit Hilfe von zwei Gläsern mit eingefärbtem Wasser (Gelb und Rot) Orange „zaubern"

lassen. Die Kinder können durch Hin- und Hergießen erkennen, wie sich der Orangeton verändert: viel Gelb und wenig Rot ergibt ein helles Orange; viel Rot und wenig Gelb ergibt ein dunkleres. Diese Beobachtungen lassen sich in der bildnerischen Gestaltung gleich umsetzen.

Zur Erinnerung und als weiteres Hilfsmittel eignen sich auch farbige Klarsichtfolien, die man an die Fensterscheibe heftet. Gelb heftet man zwischen Blau und Rot, so dass beide Mischfarben sichtbar werden.

Nun können die Kinder mit ihrer Farbpalette aus Blau, Rot und Gelb nach Herzenslust bunte Schmetterlinge auf das Papier zaubern und kräftige Orangetöne dazu mischen (vgl. Abb. S. 55).

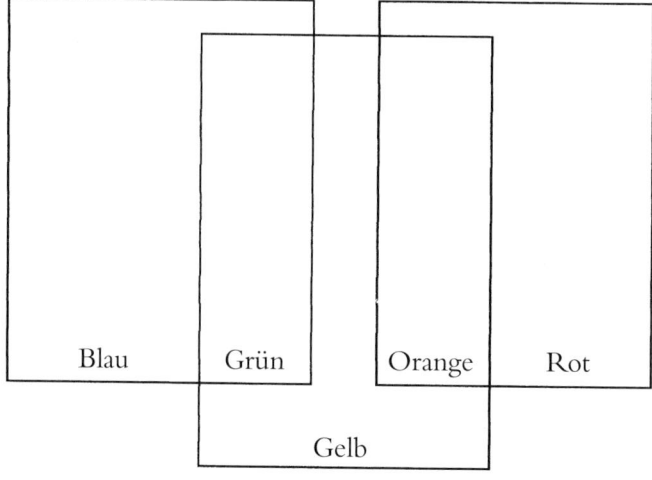

Blau   Grün   Orange   Rot

Gelb

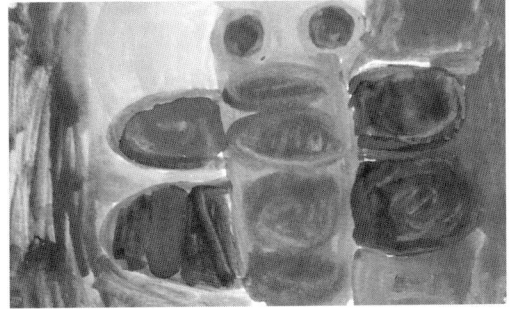

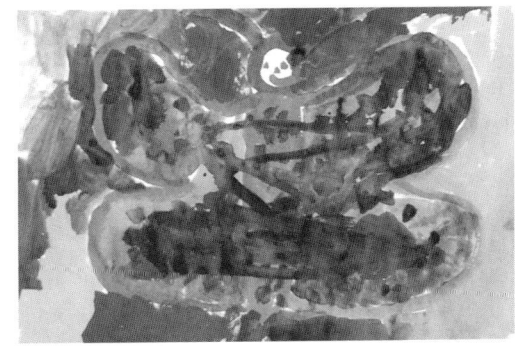

Endbesprechung / Vorführung

Zum Abschluss kann man mit den fertigen Bildern eine kleine Schmetterlingssammlung zusammenstellen. Dabei ergeben sich nochmal kleine Gesprächsanlässe zu jedem Bild, bei denen auf die Farbe Orange besonders geachtet werden kann. Das Schmetterlingslied mit den Handschmetterlingen und den passenden Bewegungungen können die Kinder ihren Eltern präsentieren.

Die Kinder werden gebeten, die Handschmetterlinge zur nächsten Kreativeinheit wieder mitzubringen.

6. Der Wunderblumengarten

Intention
fantasievolle Bildgestaltung,
farbigen Grund grafisch ausgestalten

Technik
Ölpastellkreiden auf rotem Grund
(Papier 50 × 70 cm)

Medien / Material
Chiffontücher
Blumen, am besten echte,
ersatzweise Papierblumen
Kassettenrekorder
Rahmentrommel
Glockenspiel
Klanghölzer
Rasseln
Cymbeln
Becken
Xylophon
Triangel
Reibe
Ölpastellkreiden
rotgrundiges Papier

I. Erleben mit vielen Sinnen

Bevor die Kinder mit dem Bewegungsspiel
beginnen, stellt die Erzieherin das Glockenspiel vor. Die Kinder können ausprobieren,
wie es klingt. Sie hören, dass es, anders als die
bisher benutzen Schlaginstrumente, unterschiedliche Tonhöhen hervorbringen kann.
In einem kleinen Gehörbildungsspiels unterscheiden die Kinder hohe und tiefe Töne
voneinander. Sie ordnen die von der Erzieherin angeschlagenen Töne (Mindestabstand
eine Terz) nach Hoch und Tief. Sie können
dazu aufgefordert werden, sich bei hohen
Tönen groß zu machen, sich also auf die Zehenspitzen zu stellen und sich bei tiefen Tönen klein zu machen und auf den Boden zu
hocken.

Rhythmisches Bewegungsspiel
„Was gibt es alles in einem schönen Blumengarten?" Auf diese Frage der Erzieherin ken-
nen die Kinder schon vielfältige Antworten.
„Welche Instrumente passen dazu?" Auch
diese Frage bereitet den meisten Kinder kein
Problem, sie haben genügend Fantasie den
genannten Dingen Klänge zuzuordnen.
Nach dieser Fantasieübung schlägt die Erzieherin die Handtrommel, bzw. das Glockenspiel an, während die Kinder sich dazu auf
verabredete Zeichen mit den Tüchern in der
Hand bewegen, z. B.:
☺ Glissando auf dem Glockenspiel:
   Kinder sitzen in der Hocke mit einem
   Tuch in den zu einer „Knospe" ge-
   schlossenen Händen

und öffnen diese so langsam, dass das Tuch wie eine aufblühende Blume hervorquillt.

☺ Glissando, Tonleiter aufwärts auf dem Glockenspiel:
Die Blumen wachsen, Kinder erheben sich langsam in den Stand.

☺ Rahmentrommel oder Glockenspiel:
Kinder wiegen sich mit ihrem Tuch in der Hand wie Blumen im Wind.

☺ ein lauter Schlag auf der Trommel:
die Blumen knicken im Sturm um

☺ schnelle Schläge auf der Trommel:
Kinder wackeln mit den Tüchern in der Hand heftig hin und her, während sie mit den Füssen am Platz wie angewurzelt stehen bleiben.

Musikalischer Teil

Gemeinsam erinnern sich die Kinder an die letzte Kreativeinheit und wiederholen das Schmetterlingslied (Seite 57) mit Bewegungen der Handschmetterlinge.
Anschließend legen sich alle Schmetterlinge auf die bereitgestellten Blumen zum „Schlafen" nieder. Jedes Kind darf seinen Schmetterling auf oder neben eine Blume legen oder setzen.

Thematische Hinführung

Außerordentlich fantasieanregend wirkt es natürlich auch, wenn man die Möglichkeit hat, mit den Kindern gemeinsam einen Garten zu gestalten. Dazu braucht man einen festen Untergrund (Holzbrett, großes Tablett,

Plastikdeckel) mit einem Durchmesser von rund 80 cm, kleine Grassoden, Erde, Sand, Steine, Pflänzchen und Ähnliches. Vielleicht können die Kindern auch einiges von zu Hause beisteuern. Mit Draht und Krepppapier oder einfach zugeschnitten Papieren, mit Federn, Bändern und anderen Untensilien können fantasievolle Wunderblumen hergestellt werden. Wenn Sie diese Aktion mit ihren Kindern durchführen möchten, sollten Sie für die Kreativeinheit entsprechend mehr Zeit einplanen, da die Gartengestaltung erfahrungsgemäß länger dauert. Nachdem die Kinder ihren Garten geschmückt haben, lenkt die Erzieherin das Gespräch auf die Blumen und Kleintiere, die in einem Garten wohnen können und führt dann über zur spannenden und fantastischen Geschichte von „Florian im Wunderblumengarten".
Die Erzieherin erzählt von Florian , der sich verlaufen hat und in einen Garten mit Blumen gerät, die vor seinen Augen in den Himmel wachsen. Besonders diese exotischen, fantastischen Blumen sollten ausgiebig und sehr malerisch beschrieben werden. Florian kann zwischen ihren Stengeln hindurchwandern wie zwischen Bäumen, lässt sich von einem Schmetterling in die Blüten tragen und rutscht auf den Blättern, wie auf einer Rutschbahn, wieder zu Boden. Am Boden trifft er Würmer, Käfer, Maulwürfe, die alle verschiedene Laute von sich geben.
Die genaue Ausführung der Geschichte bleibt der Fantasie der Erzieherin überlassen.

Wer möchte, kann sich aber auch an der folgenden Klanggeschichte orientieren und sie zunächst ohne Klangbegleitung erzählen.

Klanggeschichte

Die Erzieherin sollte einen Kassettenrekorder und verschiedene elementare Instrumente aus dem kleinen Schlagwerk sowie Haushaltsgegenstände bereit stellen. Die Erzieherin macht den Vorschlag, die Geschichte von Florian aufzunehmen. Dazu müssen die Kinder zunächst zu den einzelnen Elementen der Erzählung passende Instrumente zuordnen. Der unten abgebildete Vorschlag stellt nur eine Möglichkeit unter vielen dar.

Die Erzählung	Die Instrumentenzuordnung
Florian läuft und läuft.	Klanghölzer
Er öffnet eine großes, knarrendes Gartentor.	Küchenreibe
Vor ihm stehen die sonderbarsten und	Glissando auf dem Glockenspiel
schönsten Blumen, die er je gesehen hat	
und wiegen sich leise im Wind.	
Die Blumen wachsen	Fingercymbeln
bis sie an die Wolken stoßen.	Becken
Florian fliegt auf einem Schmetterling hoch	Tonleiter auf dem Xylophon
zu den Blüten und stäubt sich mit Blütenstaub ein.	Rasseln
Er rutscht auf den Blättern hinunter.	Glissando abwärts auf dem Xylophon
Er springt auf den Boden.	Trommelschlag
Da kommt ein Käfer angetrippelt.	Fingerspitzen trommeln
Florian reitet auf dem Käfer durch den Garten.	Galopp auf der Trommel
…	
…	
Da erwacht Florian aus seinem Traum,	alle Metallinstrumente
„Aufstehen!", ruft die Mutter.	

Die Länge und Art der Geschichte muss auf das Konzentrations- und Motivationsniveau der Gruppe abgestimmt werden. Alle Kinder sollten mindestens einmal, möglichst mehrmals zu unterschiedlichen Zeitpunkten ihre Instrumente zum Einsatz bringen können.

Man kann auch eine kleine Partitur (auf großem Format, möglichst Tapete) vorbereiten und nach Absprache mit den Kindern die Vorlage beschriften, bzw. Instrumentenkärtchen mit Symbolen vorbereiten und zuordnen lassen.

Nun kann die Geschichte einmal geübt und dann sogleich auf Tonband aufgenommen werden. Bei kleineren Kindern übernimmt die Erzieherin die Aufgabe des Erzählens, ältere Kinder können schon selbst erzählen. Die Kinder sind in der Regel sehr motiviert, ihre Klanggeschichte später den Eltern live oder per Kassette vorzuspielen.

II. Bildnerisches Gestalten

Rotes Tonpapier 50 × 70 cm liegt bereit. Nun kann passend zur Klanggeschichte der Wunderblumengarten als Bild dargestellt werden. Der Fantasie sind keine Grenzen gesetzt.

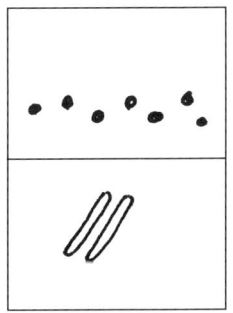

Florian läuft …

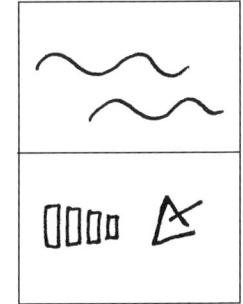

Blumen wiegen
sich im Wind

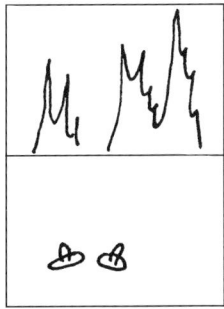

Blumen wachsen

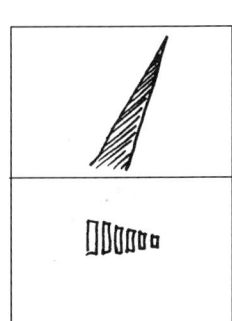

lässt sich vom
Schmetterling fliegen

Die Erzieherin erklärt, dass durch das Unterlegen der Ölpastellkreiden mit Weiß, die Farben auf dem roten Grund noch intensiver leuchten (vgl. Abb. S. 58). Während der bildnerischen Gestaltung kann der gedankliche Austausch darüber, was für sonderbare und übergroße, wunderschöne Blumen es wohl noch im Wunderblumengarten geben kann, aufrecht erhalten werden.

Ideen von einzelnen Kindern können andere zu neuen, eigenen Ideen anregen.

Ausstellung

Im Anschluss werden die Bilder zu einer kleinen „Ausstellung" zusammengestellt und den Eltern mit der Klanggeschichte vorgetragen. Die fantasievolle Gestaltung, das Wunderbare der Blumen, jede neue Idee und die mit Weiß vermischten Farben erhalten nochmals besondere Aufmerksamkeit.

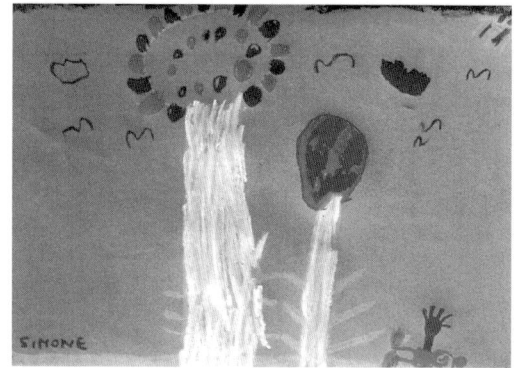

7. Der Zauberer

Intention
Mischen von Violett

Technik
Temperafarben mischen
(Rot/Blau/Weiß)

Medien / Material
Rahmentrommel
 Farbfolienbrille
Temperafarben in Rot,
Weiß und Blau
Papier DIN A2, weiß

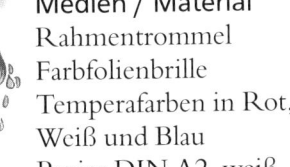

I. Erleben mit vielen Sinnen

Die Erzieherin spielt den großen Zauberer, der die Kinder mit seinen Trommelschlägen verzaubern kann. Halbeschläge verwandeln die Kinder z.B. in Schildkröten, die langsam über den Boden kriechen. Viertelschläge lassen die Kinder zu Hunden werden, die bellend gemütlich durch den Raum laufen. Achtelschläge schließlich verzaubern die Kinder in Vögel, die schnell ihre Flügel (=Arme) bewegen und durch die Luft fliegen. Es kann vereinbart werden, dass die Kinder auf ein bestimmtes Zeichen hin (z.B. lauter Schlag / lautes Stampfen) eine zuvor vereinbarte Position einnehmen sollen, z.B.

dass sie sich schnell auf den Boden setzen, auf einem Bein ruhig stehenbleiben oder auf Zehenspitzen Balance halten. Sie können auch aufgefordert werden, ihre Bewegungen auf das Zeichen hin abrupt zu stoppen und zu erstarren. Die Kinder sollten auch selbst Gelegenheit haben, in die Rolle des Zauberers zu schlüpfen. Sie können sich ein Tier ausdenken und ordnen diesem Tier einen bestimmten Rhythmus zu, den sie dann, wie zuvor die Erzieherin, auf der Trommel schlagen. Die anderen Kinder versuchen sich im Rhythmus wie das entsprechende Tier zu bewegen.
Bei dem letzten Trommelschlag werden die Kinder aufgefordert, sich in einen Sitzkreis auf den Boden zu setzen.

Thematische Hinführung
Die Erzieherin erzählt den Kindern die Geschichte vom Zauberer, der die ganze Welt violett verzaubern will. Orange und grüne Welten kann er schon zaubern. Alle Dinge der Welt jedoch in seine Lieblingsfarbe – Violett – zu verwandeln, ist ihm bisher noch nie gelungen.
Lange blättert er in den alten Zauberbüchern in seinem Zauberschlosssturm. Nach mehreren Monaten schließlich findet er die richtigen Seiten, auf denen geschrieben steht: „So verzaubert man die Welt violett."

Er liest den Abschnitt gründlich durch und steigt dann auf seinen Zauberschlossturm. In seinen Händen trägt er zwei große Farbtöpfe – einen roten und einen blauen – und zwei große Pinsel mit langen Haaren. Er stellt sich auf den höchsten Punkt des Turmes, genau auf die Turmspitze, und beginnt mit dem Zauber:

Mit dem einen Pinsel rührt er lange in dem roten Farbtopf, mit dem anderen in dem blauen. Dann hält er die Pinsel mit gestreckten Armen über seinen Kopf und ruft den Zauberspruch: „Abrakadabra simsalarett, alles wird nun violett." Bei dem Wort „Violett" bewegt er die Pinsel schnell nach unten und überkreuzt dabei die Haare der Pinsel. Die Erzieherin führt die entsprechenden Schritte parallel zum Erzählen aus. In der Kreismitte liegt ein weißer Papierbogen. Die Farben werden auf dem Papier gleichzeitig übereinandergemalt und die Kinder können beobachten wie sich Rot und Blau zu Violett vermischen. Die Erzieherin fährt fort:

Die ganze Welt erscheint nun in violetten Farben. Das Schloss, der Himmel, die Wol-ken, der Wald, die Tiere, ja sogar der Zauberer ist ganz violett. Er schaut sich alles ganz genau an. Leider hält sein Zauber nur einige Stunden an. Nach und nach verlieren die Dinge den violetten Farbton und erscheinen wieder in ihrer ursprünglichen Farbe. Aber das stört den Zauberer nicht. Nicht umsonst ist er ja Zauberer von Beruf und wenn er mal wieder Lust hat alles violett zu sehen, kann er ja einfach wieder auf seinen Turm klettern und den Zauber wiederholen.

Wie war das wohl, als alles violett aussah?

Die Erzieherin verteilt Brillen an die Kinder, durch die sie den Raum violett sehen können.

Anleitung zum Herstellen von Farbfolienbrillen

Die Brillen können folgendermaßen angefertigt werden: Aus Pappe wird ein einfacher Brillenrahmen geschnitten. Eine blaue und eine rote Folie werden so an dem Rahmen festgeklebt, dass beide Grundfarben noch an den Rändern sichtbar sind und sich in der Mitte überschneiden.

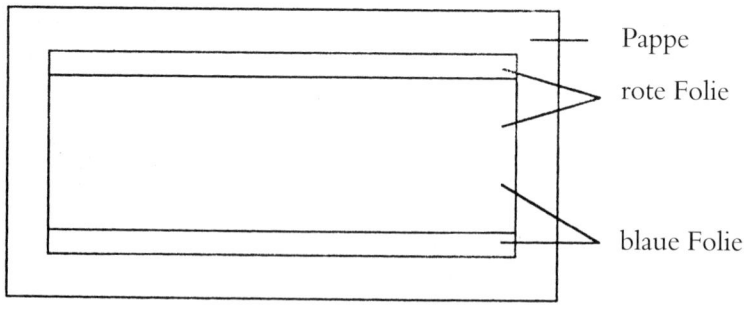

Pappe

rote Folie

blaue Folie

Betrachtungen durch die Farbfolienbrille

Die Kinder können den Raum durch die Brille betrachten und beschreiben, was sie sehen. Wo sind besonders helle violette Töne, wo besonders dunkle? Schnell erkennen sie, dass dort, wo Licht einströmt (Lampe, Fenster usw.), das Violett besonders leuchtet, an schlecht beleuchteten Stellen, die Gegenstände dunkelviolett erscheinen. Der Raum kann auch durch den blauen oder den roten Sehschlitz betrachtet werden. Unterschiede bezüglich der Farbwirkungen werden von den Kindern erlebt und beschrieben. Oftmals erforschen die Kinder auch gern, wie sich die Erscheinung einer bestimmten Gegenstandsfarbe verändert, indem sie abwechselnd etwas direkt und dann durch die Brille betrachten.

Die Erzieherin kann nun wieder den Bezug zur Geschichte herstellen. Durch die Frage „Sagt mal, wie hat es der Zauberer eigentlich geschafft Violett zu zaubern?", können die Kinder angeregt werden, den Mischvorgang zu reflektieren. Sollten sie sich nicht mehr

genau an die Farben erinnern, können sie ihre Brillen genau anschauen. Welche Farben überschneiden sich?

Mischversuche mit eingefärbtem Wasser wie in der Schmetterlings- oder der Apfel-Wurm-Kreativeinheit schließen sich an.

II. Bildnerisches Gestalten

Wie sah denn wohl die Welt des Zauberers aus? Was war dort alles violett? Die Kinder erinnern sich an die Geschichte und benennen ihre Vorstellungen und Assoziationen. Ihre Fantasie kann durch Äußerungen der anderen angeregt werden. Wichtig ist, dass jedes Kind frei seine Vorstellungen nennt.

Auch Dinge, die in der Geschichte nicht vorkamen, können natürlich genannt werden. Es gibt kein Richtig oder Falsch.

Mit der Aufforderung: „Mal sehen, ob ihr auch so viele und schöne violette Farben zaubern könnt wie der Zauberer", kann die Erzieherin zur bildnerischen Gestaltung überleiten.

Jedes Kind erhält einen großen, weißen Papierbogen (DIN A2). Gemalt wird mit beschränkter Palette, d. h. nur die Farben Blau und Rot werden benutzt. Erst wenn jedes Kind möglichst viele violette Töne gemischt und gemalt hat, kann Weiß zum Mischen hinzugezogen werden. Die Kinder können beobachten, wie Weiß die Farben heller macht und zum Leuchten bringt, ähnlich wie zuvor beim Blick durch die Brille das Licht hellere Violetttöne erzeugte (vgl. Abb. S. 74).

Betrachten der Kinderbilder

Besonders helle oder dunkle violette Töne können bei der abschließenden Bildbetrachtung von den Kindern gezeigt und der Mischvorgang reflektiert werden. Die Kinder lernen im Gespräch die Namen „Blauviolett" und „Rotviolett" kennen und suchen diese Töne auf ihren Bildern. Rotviolett nennt man einen Violettton, beim dem viel Rot und wenig Blau vermischt wurde, Blauviolett bekommt man, wenn viel Blau und wenig Rot benutzt wird.

Die Kinder können sich Titel und kleine Geschichten zu ihren Bildern ausdenken und sie später den Eltern vortragen.

8. Die Katze

Intention
fantasievolle Bildgestaltung,
Kennenlernen der Zuckerkreiden,
Kennenlernen des
Hell-Dunkel-Kontrastes

Technik
Zuckerkreiden auf schwarzem
Tonpapier (50x70 cm)

Medien / Material
Rahmentrommel
Klanghölzer
Fotos oder Postkarten mit
Abbildungen von Katzen
Tafelkreide
Zuckerwasser
schwarzes Tonpapier (50 × 70 cm)

I. Erleben mit vielen Sinnen

Rhythmus und Bewegung
Die Kinder bewegen sich zu den Rhythmen, die die Erzieherin auf der Handtrommel schlägt. Die Bewegungen dienen der Hinführung zum Lied „Hinterm Ofen sitzt die Katze" und zum Malthema:
Langsame Schläge (Halbeschläge) „verzaubern" die Kinder in schleichende Katzen. Gemütliche Schläge (Viertelschläge) sind ein Zeichen dafür, dass jedes Kind sich ein Paar Klanghölzer nimmt und versucht, das Tempo mitzuschlagen. Auf ein bestimmtes Zeichen hin, z.B. lauter Trommelschlag, legen die Kinder die Klanghölzer wieder vorsichtig an ihren Platz. Schnelle Schläge (Achtelschläge) schließlich verwandeln die Kinder in Fliegen, die schnell durch den Raum fliegen und dabei laut summen. Das Lied wird nun eingeführt. Gesten begleiten den Inhalt. Die Lautmalerei in diesem Lied ist besonders ausgeprägt. Den Kindern macht es großen Spaß, die Schnurr- und Summ-Geräusche beim Refrain ganz deutlich hervorzubringen, indem sie das „rrr" rollen und das „sss" besonders stimmhaft aussprechen. Das Lied kann mehrmals mit Gesten und mit Klangholzbegleitung wiederholt werden. Die Erzieherin sollte sich beim Gesang immer mehr zurücknehmen, so dass die Kinder möglichst selbstständiger singen.

Thematische Hinführung
Nach dieser Hinführung kann sich ein Gespräch über Katzen anschließen. Ausgangspunkt sind die Erlebnisse der Kinder mit diesen Tieren. Die leuchtenden Katzenaugen sind besonders faszinierend und können ebenfalls besprochen werden. Abbildungen von Katzen dokumentieren ihre Vielfalt und Schönheit.

Hinterm Ofen sitzt die Katze

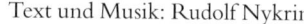

Text und Musik: Rudolf Nykrin

1. Hin - term   O - fen sitzt die Kat - ze und sie schleckt sich ih - re

Tat - ze, spitzt die   Oh - ren, schaut sich   um,   schnurr - di -

burr, schnurr-di - bum, schurr-di - burr, schnurr-di - bum.

1. *Hinterm Ofen sitzt die Katze*
   und sie schleckt sich ihre Tatze,   die Hand lecken
   spitzt die Ohren,   Zeigefinger nach oben an die Ohren legen
   schaut sich um,   der Oberkörper dreht herum
   schnurrdiburr, schnurrdibum,
   schnurrdiburr, schnurrdibum.

2. *Sitzt am Fenster eine Fliege,*   die Arme seitlich angewinkelt halten und
   denkt die Katz, 'Wenn ich dich kriege,   schnell hoch und runter bewegen
   dann verspeis ich dich kurzum!'   Finger an die Stirn legen
   Sumsesurr, sumsesum,   mit der Hand über den Bauch streichen
   sumsesurr, sumsesumm.

3. *Hin zum Fenster schleicht die Katze*   Arme wie schleichende Katzenbeine
   und sie schlägt mit ihrer Tatze,   bewegen und mit Arm ruckartig schlagen
   doch daneben, oh wie dumm!   Schultern heben, fragend, wütend gucken
   Sumsesurr, sumsesum,
   sumsesurr, sumsesumm.

4. *Hinterm Ofen sitzt die Katze*
   und sie schleckt sich ihre Tatze,
   und sie denkt: 'Flieg nur herum!'
   Schnurrdiburr, sumsesum,
   schnurrdiburr, sumsesum.

die Hand lecken
mit Hand „abwinken"

Vorbereitung der Zuckerkreiden

Die Zuckerkreiden müssen von der Erzieherin vorbereitet werden: Farbige und weiße Tafelkreidestäbe (für 10 Kinder benötigt man ca. 1–2 Packungen farbige und 2–3 Stäbe weiße Kreide) werden in je 2–3 Stücke gebrochen, damit jede Farbe mehrmals zur Verfügung steht, und in einer mittelgroßen Schüssel in hochkonzentriertem Zuckerwasser ca. 10 Minuten eingeweicht. Um hochkonzentriertes Zuckerwasser zu erhalten, wird unter ständigem Rühren solange Zucker in das Wasser (ca. 0,5 bis 0,75 l) gegeben, bis er sich nicht mehr auflöst, sondern am Schüsselboden absetzt.
Haben sich die Kreiden mit dem Zuckerwasser vollgesogen, werden sie herausgenommen und in einem luftdichten Gefäß, das mit saugfähigem Papier ausgelegt wurde, aufbewahrt. Achtung: Die Kreiden dürfen nicht länger als 2–3 Tage in diesem Gefäß bleiben, da sie sonst schimmeln!
Die Kreiden müssen beim Malen noch feucht, jedoch nicht nass sein. Der Zucker bewirkt, dass die Farben auf dem Malgrund haften. Übriggebliebene Kreiden können nach dem Malen auf einer Zeitung ausgebreitet und luftgetrocknet werden. Sie lassen sich später problemlos in Wasser (ohne Zu-

cker!) erneut einweichen und wiederverwerten. Mit den Zuckerkreiden darf nicht an eine Tafel geschrieben werden, da der Zucker die Oberfläche verkratzt.

II. Bildnerisches Gestalten

Die Erzieherin kündigt an, dass die Kinder heute mit „Zauberkreiden" malen dürfen. Mit Farben, die sich verwandeln und die genauso leuchten können wie Katzenaugen.
Jedes Kind erhält ein schwarzes Tonpapier, das mit Kreppklebeband auf einem Malbrett befestigt wurde. Die Kreiden liegen auf mehreren Papptellern bereit, so dass jedes Kind gut an die Farben gelangen kann. Die Kinder beginnen mit der feuchten Kreide eine oder mehrere bunte Fantasiekatze(n) mit leuchtenden Augen und vielen Mustern zu malen. Wie immer gilt, dass natürlich auch andere Malthemen von den Kindern verwirklicht werden können. Der „Zaubereffekt" der Kreiden sollte den Kindern spannend präsentiert werden: Alle beginnen gleichzeitig auf ihrem Tonpapier mit der Bildgestaltung. Da die feuchten Kreiden auf dem dunklen Grund zunächst nur schwach zu sehen sind, sollte man die Kinder auffor-

Abrakadabra simsalarett,
alles wird jetzt violett …

„Der Zauberer"

„Die Katze"

Bilder
von 4- bis
6-Jährigen mit
Zuckerkreiden
auf schwarzem
Papier.

dern, nach kurzer Malzeit innezuhalten und gemeinsam den Zaubereffekt zu erleben. Innerhalb einiger Sekunden entfaltet die Farbe während des Trocknens eine enorme Leuchtkraft. Der Hell-Dunkel-Kontrast wird für die Kinder sehr anschaulich und nachvollziehbar: Eine helle, deckende Farbe leuchtet besonders schön auf einem dunklen Hintergrund.

Die Kreiden können plakativ-deckend (mit kräftigem Druck) oder aber lasierend-transparent (zart) aufgetragen werden. Außerdem können die Kinder angeregt werden, die „Zauberkreiden" zu mischen, indem sie sie übereinander malen. Farbflächen können nachträglich mit Mustern und Verzierungen versehen werden. Besonders reizvoll sind schwarze Aussparungen. Auch der Hintergrund kann mitgestaltet werden. Fragen wie: „Wo befindet sich denn eigentlich die Katze?" oder: „Ist die Katze allein auf dem Bild?", können die Kinder motivieren, ihre Bilder mit weiteren Elementen zu versehen.

Besprechen der Kinderwerke

Die Gestaltungsprozesse können nochmals reflektiert werden. Die Kinder betrachten ihre Bilder, zählen auf, was dargestellt ist, wie die Farben gemischt wurden, welche Muster und Formen ihnen besonders gefallen, wo und warum Farben besonders leuchten (Hell-Dunkel-Kontrast). Sie können auch kleine Geschichten zu ihren Bildern erfinden.

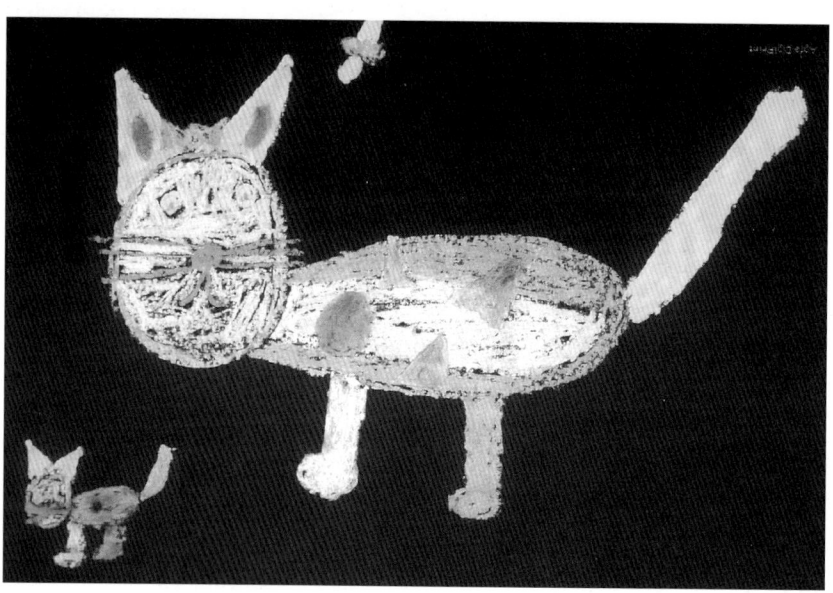

9. Die Schlange

Intention
ein Bild gemeinsam planen
und gestalten,
fantasievolle Muster erfinden

Technik
Ölpastellkreide auf Tapete

Medien / Material
Rahmentrommel
Chiffontücher
Seile
Tapete
Bleistifte
Ölkreiden

I. Erleben mit vielen Sinnen

Rhythmisches Bewegungsspiel
Zu den Schlägen der Handtrommel können
von den Kindern rhythmische Bewegungen
durchgeführt werden: Auf Achtelschläge
laufen sie schnell durch den Raum, auf Halbeschläge nimmt jedes Kind ein Tuch und
schwingt es in Schlangenlinien langsam vor
seinem Körper hin und her. Dabei können
die Kinder ermuntert werden, sich langsam
auf der Stelle zu drehen. Auf Viertelschläge
ruft die Erzieherin ein Kind auf und alle anderen Kinder stellen sich in einer Schlange
dicht hinter das aufgerufene Kind. Die Hände werden auf die Schultern des Vorder-
manns gelegt und die Kinder laufen oder
stampfen gemütlich als Schlange durch den
Raum. Auf einen lauten Schlag hin bleibt die
Schlange regungslos stehen und alle Kinder
setzten sich schnell auf den Boden.

Thematische Hinführung
Um die Kinder auf die Gemeinschaftsarbeit
vorzubereiten, stellt die Erzieherin Materialien bereit (Seile, Tücher …), aus denen die
Kinder gemeinsam eine lange Schlange bilden können. Die Kinder können neben den
vorgegebenen Materialien noch weitere Gegenstände im Raum suchen, die als Schlangenkörper fungieren können. Die Kinder legen die Gegenstände nun dicht aneinander.
Ziel ist es, eine möglichst lange Schlange zu
legen, die sich durch den Raum schlängelt.
Die Schlange kann von den Kindern abge-
schritten oder auch „abgehüpft" werden, auf
einem Bein an der Schlangenlinie entlang
oder im „Wedelsprung" über den Schlangenkörper hinweg.

II. Bildnerisches Gestalten

Die Erzieherin regt an, gemeinsam eine große bunte Schlange zu malen, denn einer alleine würde es nicht schaffen, dieses lange
Bild (die Erzieherin rollt vor den Augen der
Kinder eine ca. 2–3 m lange Tapetenbahn
auf) zu bemalen. Erfahrungsgemäß sind die

„Lange bunte Schlange" – Gemeinschaftsarbeit aus Ölpastellkreiden.

„Frau Holle" – Malen mit Ölkreiden auf blauem Grund und Collagieren von Watte und Lametta.

Kinder sehr motiviert, so ein großes Format zu gestalten. Gemeinsam wird überlegt, wie vorzugehen ist. Die Kinder einigen sich untereinander, wo der Kopf und wo das Schlangenende dargestellt werden soll, wer an welcher Stelle malt, und zeichnen schließlich gemeinsam die Schlangenkontur vor. Die Konturzeichnung ist wichtig, damit am Ende wirklich *eine* Schlange abgebildet ist und jedes Kind weiß, an welchen Flächen es malen kann.

Beim Malprozess können die Kinder angeregt werden, die Ölpastellkreiden auch zu mischen und möglichst lustige Muster zu erfinden. Vielleicht hat die Schlange ja witzige

Gegenstände verschluckt, die man jetzt in ihrem Bauch sehen kann …

Eine Intention dieser Kreativeinheit ist, neben der fantasievollen Gestaltung, die Stärkung des Verantwortungsgefühls und der Sozialkompetenz der Kinder. Diejenigen, die schneller mit ihrem Bildausschnitt fertig sind, können angeregt werden, anderen Kindern beim Malen zu helfen. Die Kinder erfahren, dass sie *mit*einander ein gemeinsames Werk schaffen können. Konkurrenzdenken, das sich in Sätzen wie „Ich kann viel schöner malen …", „Meine Muster sind viel besser …" äußert, kann auf diese Weise abgebaut werden. Die Kinder sollten immer wieder

Ist die Schlangengestaltung abgeschlossen, können die Kinder ihren Namen unter das Schlangenstück schreiben, das sie gemalt haben. Die lange Schlange kann auch ausgeschnitten werden und eine ganze Wand schmücken (vgl. Abb. S. 78).

Bildbetrachtung und Korrektur

Haben die Kinder ihre Arbeit beendet, kann eine Bildbetrachtung angeschlossen werden, bei der die Farbmischungen und Muster reflektiert werden. Malkorrekturen, wie beispielsweise das Ausfüllen von störenden „weißen Löchern" im Schlangenkörper können angeregt und durchgeführt werden.

Gelegenheit haben, sich in „konstruktiver Kritik" zu üben. Zum Beispiel können sie sich untereinander bei der Muster- oder Farbenwahl helfen oder auch Verbesserungsvorschläge machen (z.B. „Wenn du hier eine dunkle Farbe aufmalst, leuchtet die helle Farbe daneben noch viel mehr ...").

Präsentation

Die Schlange kann nun gemeinsam im Raum oder Flur aufgehängt werden. Die Kinder identifizieren sich mit ihrer Arbeit und die Präsentation in der Öffentlichkeit (nicht nur vor den Eltern), zeigt die Wertschätzung der Arbeit.

10. Frau Holle

Intention
farbiges Bild auf farbigem Grund
gestalten können,
verschiedene Materialien wie Federn,
Watte, Lametta und Wolle collagieren

Technik
Ölpastellkreide auf farbigem
Untergrund (DIN A3) / Collage

Medien/ Material
Rahmentrommel
Wattebällchen
Requisiten (–> Seite 89)
Bildkarten (–> Seite 90)
blaues Tonpapier
Ölkreiden
Federn
Lametta
Wolle
Kleber

I. Erleben mit vielen Sinnen

Rhythmisches Bewegungsspiel
Diese kreative Gestaltungsaufgabe bietet sich
natürlich besonders an, wenn es gerade
schneit oder die Kinder sehnsüchtig auf
Schnee warten. Da Schnee auf fast alle Kinder eine faszinierende Wirkung ausübt, sind

sie sicherlich motiviert, sich näher mit diesem Thema zu beschäftigen.

Die Erzieherin kann diese Motivation für das
rhythmische Bewegungsspiel sehr gut nutzen. Vielleicht können die Bewegungen sogar im Freien durchgeführt werden?! Mit dicken Schuhen und warmer Kleidung kann
man sich wunderbar im Schnee passend zu
den Schlägen der Handtrommel bewegen.
So können die Kinder ermuntert werden,
bei den Halbeschlägen langsam durch den
Schnee zu stapfen und ihre Beine ganz hochzuheben. Wird zweimal schnell hintereinander geschlagen, können die Kinder versuchen, auf einem Bein ganz ruhig stehenzu-
bleiben und das Gleichgewicht zu halten.
Dasselbe wird natürlich mit dem anderen
Bein wiederholt. Bei Viertelschlägen werden
die Kinder aufgefordert, mitzuklatschen und
im Takt zu laufen. Das hält auch die Finger
warm … Es kann eine kleine Variation ein-
gebaut werden, bei der die Kinder synchron
zum Klatschen das Wort *Schnee-flo-cken* sprechen. Dazu schlägt die Erzieherin drei Viertelschläge hintereinander und lässt dann eine
Pause (× × × – …) Besonders lustig wird es
bei den Achtelschlägen. Jetzt dürfen die Kinder mit Schneebällen werfen. Je nach Tem-
perament und Gruppenatmosphäre kann
eine kleine Schneeballschlacht angeregt oder

Schneebälle schnell in die Luft geworfen werden. Hören die Trommelschläge auf, müssen alle regungslos stehenbleiben.

Fehlt der Schnee, kann das Spiel auch im Raum stattfinden. Für die Schneeballschlacht eignen sich dazu Wattebällchen, die nach der Aktion mit den Worten „Mal sehen, wer die meisten findet" wieder eingesammelt werden. Erstaunlich, aus welchen Ecken und Winkeln und in welchem Tempo die Kinder die Wattebällchen zusammensuchen …

Frau Holle

Eine Witwe hatte zwei Töchter, davon war die eine schön und fleißig, die andere hässlich und faul. Sie hatte aber die hässliche und faule, weil sie ihre rechte Tochter war, viel lieber, und die andere musste alle Arbeit tun und das Aschenputtel im Hause sein. Das arme Mädchen musste so viel spinnen, das ihm das Blut aus den Fingern sprang. Nun trug es sich zu, dass die Spule einmal ganz blutig war; da bückte es sich damit in den Brunnen und wollte sie abwaschen, sie sprang ihm aber aus der Hand und fiel hinab. Es weinte, lief zur Stiefmutter und erzählte ihr das Unglück.. Sie schalt es aber so heftig und war so unbarmherzig, dass sie sprach: „Hast du die Spule hinunterfallen lassen, so hol sie auch wieder herauf." Da ging das Mädchen zu dem Brunnen zurück und wusste nicht, was es anfangen sollte, und in seiner Herzensangst sprang es in den Brunnen hinein um die Spule zu holen.

Es verlor die Besinnung, und als es erwachte und wieder zu sich selber kam, war es auf einer schönen Wiese, wo die Sonne schien und viel tausend Blu-

men standen. Auf dieser Wiese ging es weiter und kam zu einem Backofen, der war voller Brot; das Brot aber rief „Ach zieh mich raus, zieh mich raus, sonst verbrenn ich – ich bin schon längst ausgebacken." Da trat es herzu und holte mit dem Brotschieber alles nacheinander heraus. Danach ging es weiter und kam zu einem Baum, der hing voller Äpfel und rief ihm zu: „Ach, schüttel mich, schüttel mich, wir Äpfel sind alle miteinander reif." Da schüttelte es den Baum, dass die Äpfel fielen, als regneten sie, und schüttelte, bis keiner mehr oben war; und als es alle auf einen Haufen zusammengelegt hatte, ging es wieder weiter.

Endlich kam es zu einem kleinen Haus, daraus guckte eine alte Frau; weil sie aber so große Zähne hatte, ward ihm angst, und wollte fortlaufen. Die alte Frau aber rief ihm nach: „Was fürchtest du dich, liebes Kind? Bleib bei mir; wenn du alle Arbeiten im Hause ordentlich tun willst, so soll dir's gutgehen. Du musst nur achtgeben, dass du mein Bett gut machst und es fleißig aufschüttelst, dass die Federn fliegen, dann schneit es in der Welt; ich bin die Frau Holle." Weil die Alte ihm so gut zusprach, so fasste sich das Mädchen ein Herz, willigte ein und begab sich in ihren Dienst. Es besorgte auch alles nach ihrer Zufriedenheit und schüttelte ihr das Bett immer gewaltig auf, dass die Federn wie Schneeflocken umherflogen; dafür hatte es auch ein gutes Leben bei ihr, kein böses Wort und alle Tage Gesottenes und Gebratenes. Nun war es eine Zeitlang bei der Frau Holle, da ward es traurig und wusste anfangs selbst nicht, was ihm fehlte; endlich merkte es, dass es Heimweh war; ob es ihm hier gleich vieltausendmal besser ging als zu Haus, so hatte es doch ein Verlangen dahin. Endlich sagte es zur ihr: „Ich habe den Jammer nach Haus gekriegt, und wenn es mir auch noch so gut hier unten geht, so kann ich doch nicht länger bleiben, ich muss wieder hinauf zu den Meinigen." Die Frau Holle sagte: „Es gefällt mir, dass du wieder nach Haus verlangst, und weil du mir so treu gedient hast, so will ich dich selber wieder hinaufbringen." Sie nahm es darauf bei der Hand und führte es vor ein großes Tor. Das Tor ward aufgetan, und wie das Mädchen gerade darunter stand, fiel ein gewaltiger Goldregen, und alles Gold blieb an ihm hängen, so dass es über und über davon bedeckt war. „Das sollst du haben, weil du so fleißig gewesen bist", sprach die Frau Holle und gab ihm auch die Spule wieder, die ihm in den Brunnen gefallen war. Darauf ward das Tor verschlossen, und das Mädchen befand sich oben auf der Welt, nicht weit von seiner Mutter Haus, und als es in den Hof kam, saß der Hahn auf dem Brunnen und rief: „Kikeriki, unsere goldene Jungfrau ist wieder hie."

Da ging es hinein zu seiner Mutter, und weil sie so mit Gold bedeckt ankam, ward es von ihr und der Schwester gut aufgenommen. Das Mädchen erzählte alles, was ihm begegnet war, und als die Mutter hörte, wie es zu dem großen Reichtum gekommen war, wollte sie der anderen, hässlichen und faulen Tochter gerne dasselbe Glück verschaffen. Sie musste sich an den Brunnen setzen und spinnen; und damit ihre Spule blutig ward, stach sie sich in die Finger und stieß sich die Hand in die Dornhecke. Dann warf sie die Spule in den Brunnen und sprang selber hinein.

Sie kam, wie die andere, auf die schöne Wiese und ging auf demselben Pfad weiter. Als sie zu dem Backofen gelangte, schrie das Brot wieder: „Ach,

zieh mich raus, zieh mich raus, sonst verbrenn ich, ich bin schon längst ausgebacken." Die Faule aber antwortete: „Da hätt ich Lust, mich schmutzig zu machen", und ging fort. Bald kam sie zu dem Apfelbaum, der rief: „Ach, schüttel mich, schüttel mich, wir Äpfel sind alle miteinander reif." Sie antwortete aber: „Du kommst mir recht, es könnte mir einer auf den Kopf fallen", und ging damit weiter.

Als sie vor der Frau Holle Haus kam, fürchtete sie sich nicht, weil sie von ihren großen Zähnen schon gehört hatte, und verdingte sich gleich zu ihr. Am ersten Tag tat sie sich Gewalt an, war fleißig und folgte der Frau Holle, wenn sie ihr etwas sagte, denn sie dachte an das viele Gold, das sie ihr schenken würde; am zweiten Tag aber fing sie schon an zu faulenzen, am dritten noch mehr, da wollte sie morgens gar nicht aufstehen. Sie machte auch der Frau Holle das Bett nicht, wie sich's gebührte, und schüttelte es nicht, das die Federn aufflogen. Das ward die Frau Holle bald müde und sagte ihr den Dienst auf. Die Faule war das wohl zufrieden und meinte, nun würde der Goldregen kommen; die Frau Holle führte sie auch zu dem Tor, als sie aber darunter stand, ward statt des Goldes ein großer Kessel voll Pech ausschüttet. „Das ist zur Belohnung deiner Dienste", sagte die Frau Holle und schloss das Tor zu. Da kam die Faule heim, aber sie war ganz mit Pech bedeckt, und der Hahn auf dem Brunnen, als er sie sah, rief: „Kikeriki, unsere schmutzige Jungfrau ist wieder hie."

Das Pech aber blieb fest an ihr hängen und wollte, solange sie lebte nicht abgehen.

Thematische Hinführung

Warum schneit es eigentlich? Mit dieser Frage kann die Erzieherin zum Thema der neuen Kreativeinheit hinführen. Schnell werden die Kinder einige Antworten parat haben. Neben „wissenschaftlichen" Erklärungsversuchen, könnte natürlich durchaus auch der Satz fallen, „weil Frau Holle ihre Betten macht" und eine Überleitung zum Erzählen des Märchens „Frau Holle" wäre gegeben. Taucht diese Äußerung nicht auf, kann die Erzieherin den Kindern mitteilen, dass es noch ganz andere Gründe dafür geben kann, weshalb es schneit.

Die Kinder werden aufgefordert, genau zuzuhören, warum es in der Geschichte, die nun erzählt werden soll, eigentlich schneit. Das Märchen von Frau Holle wird nun vorgelesen oder – noch besser – frei erzählt. Viele Kinder werden die Geschichte bereits kennen und hören sie auch zum zweiten Mal gerne. Besonders beeindruckend ist es, wenn einzelne Szenen durch bestimmte Materialien parallel zum Erzählen zusätzlich veranschaulicht werden. So kann beispielsweise das Schneien mit Wattebällchen, der Goldregen mit goldenem Lametta und der Pechregen mit schwarzen Wollfäden dargestellt werden. Die Erzieherin lässt einfach das entsprechende Material an passender Stelle auf den Boden herunterrieseln.

Besonderen Spaß macht es den Kindern, das Märchen in einem Rollenspiel darzustellen. Das Rollenspiel verlangt von der Erzieherin Flexibilität in ihrer Rolle als Erzählerin. Sie muss das Erzähltempo dem Spiel der Kinder anpassen und Inhaltslücken passend schließen. Will kein Kind gerne die böse Mutter spielen, muss dieser Part gegebenenfalls von der Erzieherin übernommen werden. Es ist sinnvoll, die einzelnen Rollen durch das Losverfahren zu verteilen. Entsprechende Bildkärtchen (wie nebenstehend) werden von den Kindern gezogen:

Mitspieler

- Goldmarie
- Pechmarie
- 3 Bäume
- 3 Öfen
- Frau Holle
- 2 Tore
- Hahn

Das Tor kann von je zwei Kindern gebildet werden, die sich mit erhobenen Armen, Handfläche an Handfläche, gegenüber stehen. In den Händen halten sie entweder das Lametta oder die Wollfäden.

Requisiten

- Spindel (Wollknäuel)
- Brunnen (Gymnastikreifen oder große Kiste)
- Äpfel (Korken)
- Kissenbezug mit Wattebällchen
- Goldregen (Lametta)
- Pechregen (schwarze Wolle)

Bildkärtchen zum Rollenspiel „Frau Holle"

Die Angaben verstehen sich natürlich nur als Anregungen und sowohl Mitspieler als auch Requisiten können beliebig variiert werden. Ein Rollenspiel kann auch ganz ohne Requisiten erfolgen, Gesten ersetzen das Material. Viele Kinder sind überfordert, sich alleine einen Text auszudenken, den sie sprechen können. Daher ist es ratsam, wenn die Erzieherin ihnen gegebenenfalls kurze Sätze leise vorspricht, die sie nur laut zu wiederholen brauchen. Kinder, die keine Rolle übernommen haben, sind entweder Zuschauer oder sie können mit Instrumenten passende Geräusche zum Spiel ausführen:

- Spindel fällt in den Brunnen:
  Beckenschlag

- Mädchen springen in den Brunnen:
  Trommelschlag
- Vogelgezwitscher:
  Flötenklänge
- Goldregen:
  liebliche Klänge mit Xylophon,
  Glöckchen oder Triangel
- Pechregen:
  harte Klänge mit Klanghölzern,
  Trommeln oder Rasseln

Das Spiel sollte möglichst auch mit wechselnden Rollen wiederholt werden.
Zusätzlich zum Rollenspiel, kann das Märchen auch in Liedform aufgegriffen werden. Gesten können das Lied begleiten.

Pille, palle, polle

Text und Musik: Hans Poser

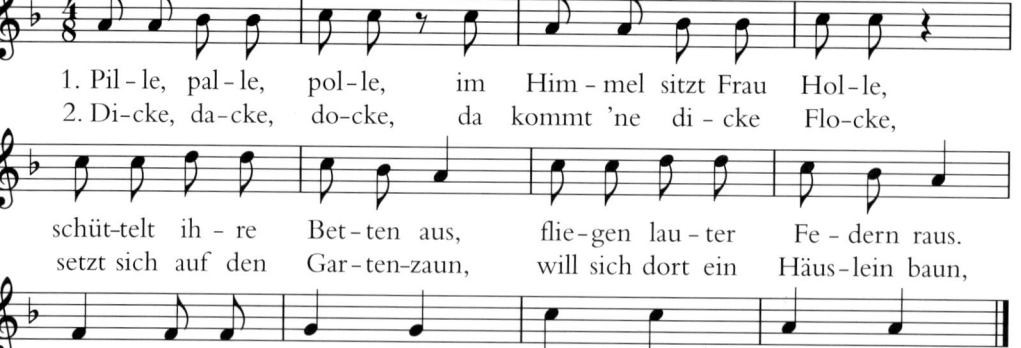

1. Pil-le, pal-le, pol-le, im Him-mel sitzt Frau Hol-le,
2. Di-cke, da-cke, do-cke, da kommt 'ne di-cke Flo-cke,

schüt-telt ih-re Bet-ten aus, flie-gen lau-ter Fe-dern raus.
setzt sich auf den Gar-ten-zaun, will sich dort ein Häus-lein baun,

Nun will's auf Er-den Win-ter wer-den.
trägt ei-ne spit-ze Zip-fel-müt-ze.

1. Pille, palle, polle,
   im Himmel wohnt Frau Holle,
   schüttelt ihre Betten aus,
   fliegen lauter Federn raus,
   nun soll's auf Erden
   Winter werden.

2. Dicke, dacke, docke,
   da kommt 'ne dicke Flocke,
   setzt sich auf den Gartenzaun

   will sich hier ein Häuslein baun.
   Trägt eine spitze Zipfelmütze.

Kopf im Takt nach rechts und links bewegen
nach oben zeigen
Hände schütteln
Federn oder Wattebällchen hochwerfen
mit Armen langsam großen Kreis in
die Luft zeichnen

Wattebällchen rhythmisch hin und her bewegen

Bein anwinkeln / Wattebällchen auf das ange-
winkelte Knie legen
mit Händen Dachform über dem Knie bilden
Hände als Zipfelmütze über den Kopf halten

II. Bildnerisches Gestalten

Die Kinder wurden nun mit vielen Sinnen auf die Thematik eingestimmt und es wird ihnen nicht schwerfallen, ein passendes Bild zu gestalten. Die Erzieherin verteilt große blaue Tonpapiere in DIN A3 und fordert die Kinder auf, möglichst großformatig mit Ölmalkreiden ein Bild zur Geschichte zu malen. Sie erzählt den Kindern von einem „Trick", mit dem man die Farben zum Leuchten bringt und demonstriert ihnen die Weißausmischung (vgl. 6. Kreativeinheit). Dazu wird zunächst mit weißer Ölkreide auf den blauen Grund gemalt und über das Weiß eine andere Farbe aufgetragen. Nicht nur die Weißausmischung, sondern das Mischen überhaupt kann auf diese Weise angeregt werden (vgl. Abb. s. 78).
Auf die fertig gestalteten Bilder können Federn, Wattebällchen, Lametta oder Wolle geklebt werden. Der Reliefcharakter wirkt sehr ästhetisch und das collagierte Material sorgt für einen zusätzlichen haptischen Effekt.

Betrachten der Kinderbilder und -collagen

Jedes Kind sollte zunächst die Möglichkeit erhalten, sich zu seinem oder zu einem anderen Bild frei zu äußern. Die Aufmerksamkeit kann danach bei einer weiterführenden Bildbetrachtung besonders auf leuchtende Farben und Formen gerichtet werden. Wo leuchten die Farben am meisten und warum? Mit diesen Fragen werden die Kinder zur Reflexion angeregt und sie sind gefordert, ihre Gestaltungsprozesse zu verbalisieren. Durch die Versprachlichung verinnerlichen sie ihr Handeln.

Tabellarische Übersicht über die 10 Kreativeinheiten

Kreativ-einheit	Intention	Inhalte	Medien/Materialien
1	**Der Zottelbär** 1) sich kennen lernen	Namensschilder verteilen, <u>Punkte unterm Namen im Wortrhythmus klatschen und sprechen.</u>	Namensschilder
	2) sich erinnern	Erinnerungsspiel mit Namen der Kinder in der Gruppe; z.B.: „Mein rechter, rechter Platz ist frei…"	
	3) Tempi in Bewegung umsetzen	Zum Schlag der Trommel laufen, gehen, Tücher schwingen, auf lauten Schlag auf den Boden setzen	Rahmentrommel Tücher
	4) Lied kennen lernen	<u>Lied: „Jakob hat kein Brot im Haus"</u>	Lied Teddybären
	5) <u>Bild mit Fingerfarben</u> gestalten	<u>Bild: „Mein Zottelbär/Kuscheltier"</u> <u>mit allen Fingern gestalten</u>	Fingerfarben Tapete, Lappen
	6) sich erinnern	Wdh.: Zottelbärlied / Bildbesprechung	
2	**Der Fisch** 1) Kennenlernen von Klangh.	KH verteilen, ausprobieren lassen	Klanghölzer
	2) Tempi in Bew. umsetzen	Zum Schlag der RT schwimmen wie ein Fisch, sich wiegen wie eine Welle	Rahmentrommel
	Tempo mit Instr. in Bew. ums.	mit KH seitwärts laufen wie ein Krebs	KH
	3) sich erinnern / Wort-rhythmus aufnehmen	Namen zum Schlag der KH sprechen	KH
	Lied auf Schwerpunkt begl.	Lied „Zottelbär" mit KH begleiten	KH
	4) <u>rund von eckig unterscheiden,</u> <u>geometrische Formen er-tasten und benennen</u>	<u>KL hat einen Sack voller runder und eckiger Formen</u>	<u>Fühlsack</u> <u>Pappformen</u>
	5) <u>über ein Bild sprechen</u>	<u>Bb.: Sindbad, der Seefahrer</u>	<u>Paul Klee-Bild in Farbe</u>
	6) <u>Figur grafisch gestalten</u>	<u>Bild: „Großer, bunter Fisch …"</u> <u>Malblöcke verteilen</u>	<u>Ölpastellkreiden</u> <u>Malblöcke DIN A3</u>

3   Der Apfel und der Wurm

1) Tempi auf Instrumenten und in Bew. umsetzen	zum Schlag der RT auf KH spielen, mit Ra laufen, wie Wurm kriechen, galoppieren.	RT, KH Rasseln RT
2) sich erinnern / Lied wdh. Rhythmus halten	Wdh.: Lied Zottelbär mit Ra / KH begl. Wortrhy. in Gruppen zusammenspielen	Ra, KH Ra, KH
3) Sinnesschulung	Tast-, Riech-, Schmeckspiel mit Obst	Obst, Korb, Tuch
4) Wissen erweitern	Apfel quer aufschneiden, Kammern u. Kerne zählen (essen)	Apfel, Messer
5) Lied kennen lernen	Lied: „In meinem kleinen Apfel"	Lied
6) Zuhören können	Geschichte vom Apfel und dem Wurm	im Buch
7) Temperafarben kennen lernen Grün mischen können	Bild/Bildgeschichte: „Meine Apfel-Wurm-Geschichte"	Temperafarben Borstenpinsel Nr. 12 Wassergefäße DIN A4-Papier, weiß

4   Murmelspuren

1) Tempi in Bew. u. grafische Zeichen umsetzen	zum Schlag der RT galoppieren; auf einen lauten Schlag Ölkreide ergreifen zum Schlag der KH ,Cy, Ra passende Spuren auf Gemeinschaftsbogen hinterlassen	RT Ölkreiden KH,Cy, Ra Papier 150 x 200cm
2) Fingercymbeln kennen lernen	Cy vorstellen u. ausprobieren lassen	Cy
3) Lied wdh. u. begleiten	Wdh. Apfellied mit Cy, KH, Ra begl.	Cy, KH, Ra
4) Gms. ein Wollnetzwerk	Gma. Netzwerk aus Wollfäden	Wollknäule/ Kleister
5) Spritztechnik, Action-painting kennen lernen	Bilder von Jackson Pollock betr.	Bilder Pollock
6) Murmel-Kuller-Technik erf. mit Farbspuren experiment.	Bild: Murmelspuren auf kleinen Formaten	Murmeln, Löffel Fingerfarben Pappkärtchen Schuhkartons Lappen
7) Gestaltungsprozess reflektieren	Überschneidungen, Farbkontraste- u. Wirkungen beschreiben	Kinderwerke

5	**Großer, bunter Schmetterling**		
	1) Muster erfinden	Handschmetterlinge bemalen	vorgefertigte Pappschmetterlinge Ölkreiden
	2) Lied kennen lernen Liedtext in Bewegung ums.	Lied: Schmetterlinge passende Bewegungen mit dem Handschmetterling zum Lied durchf.	Lied Handschmetterlinge
	3) Farbmischungen kennl.	anhand von farbigen Klarsichtfolien Mischerfahrungen sammeln	farbige Klarsichtfolien Rot,Gelb,Blau
	4) Orange mischen können	Bild: „Großer, bunter Schmetterling"	Tempera, DIN A2

6	**Der Wunderblumengarten**		
	1) Glockenspiel kennen lernen Gehörbildung	Gehörbildungsspiel hohe von tiefen Tönen unterscheiden	Glockenspiel
	2) Tempi u.Klänge in Bew. umsetzen	(Glissando auf Gl)= Knospen öffnen sich (Ki lassen langsam Tücher aus ihren Händen hervorquellen) (Glissando Tonleiter aufwärts) = Kinder wachsen als Blumen in den Stand ♩ = Ki wiegen wie Blumen im Wind, lauter Schlag=Ki knicken wie Blumen um	Tücher Glockenspiel Rahmentrommel
	3) sich erinnern	Lied vom Schmetterling wdh.	Handschmetterlinge
	4) gemeinsam planen und gestalten	aus echten und selbstangefertigten Pflanzen einen kleinen Garten gestalten	Pflanzen Papierblumen
	5) Zuhören können	Geschichte: „Florian im Wunderblumengarten"	Geschichte
	6) Geschichte vertonen	Klanggeschichte mit elementaren Instrumenten u. Gebrauchsgegenständen umsetzen	KH/Ra/Gl/Cy/Be RT/Xy/Tr/Reibe u.a.
	7) Malen auf farbigem Grund	Bild: „Der Wunderblumengarten"	Ölpastellkreiden auf rotem Grund (50 x 70 cm)

7	**Der Zauberer**		
	1) Tempi in Bew. umsetzen	Trommelschläge verzaubern die Ki in Schildkröten, Hunde, Vögel, Erstarren auf einen lauten Schlag	RT
	2) Zuhören können Fantasie entwickeln	Geschichte vom Zauberer	Geschichte

	3) <u>Sinnesschulung</u>	<u>Kinder betrachten ihre Umgebung</u> <u>durch Farbfolienbrille</u>	<u>Farbfolienbrille in Rot</u> Blau, Violett
	4) <u>Malen mit beschränkter</u> Palette/Violett mischen können	<u>Bild.: „Die ganze Welt ist violett"</u> oder Der Zauberer zaubert alles violett	Tempera (Rot/ Weiß/ Blau) Papier DIN A2 weiß
8	**Die Katze**		
	1) Tempi in Bew. umsetzen	♩ = schleichende Katzen	RT
		♩ = mit KH Tempo mitschlagen	RT / KH
		♪ = Fliegen	RT
	2) <u>Lied kennenlernen</u> mit Gesten begleiten	<u>Lied: „Hinterm Ofen sitzt</u> <u>die Katze"</u>	Lied
	3) Wissen erweitern	Gespräch über Katzen, Fotos betr.	Katzenbilder
	4) <u>Zuckerkreiden kennen lernen</u> <u>mit Zuckerkreiden malen</u>	<u>(Vorber.: Tafelkreiden in Stücke</u> <u>brechen u. in hochkonzentriertem</u> <u>Zuckerwasser 10 Minuten einweichen</u> <u>lassen).</u>	<u>Tafelkreiden</u> Zuckerwasser
	5) Hell-Dunkel-Kontrast kennen lernen	<u>Malen mit Zuckerkreiden auf</u> <u>schwarzem Grund</u>	<u>Zuckerkreiden</u> <u>schwarzes Ton-</u> <u>papier 50 x 70cm</u>
9	**Lange, bunte Schlange**		
	1) Tempi in Bew. umsetzen	♪ = schnell laufen	RT
		♩ = Tuch schwingen	Tücher
		♩ = gemeinsam Schlange bilden und laufen	
	2) Gemeinsam eine Figur bauen können Bew. an einer vorgege- benen Form/Figur entlang	Ki legen mit Tüchern, Seilen etc. ge- meinsam eine Schlange auf den Boden Ki hüpfen die Figur ab	Tücher Seile u.a.
	3) <u>Gemeinschaftlich planen u.</u> <u>arbeiten können</u>	<u>Gms „Lange, bunte Schlange"</u> <u>Konturen festlegen, Muster erfinden</u>	<u>Tapete,</u> Bleistifte <u>Ölkreiden</u>
	4) Gestaltungsprozess reflekt.	Ausbesserungen vornehmen	gma
10	**Frau Holle schüttelt die Betten aus**		
	1) Tempi in Bew. umsetzen	♩ = durch den Schnee stapfen	RT
		= Klatschen, laufen	
		= Schneebälle werfen	Wattebällchen
	2) <u>Zuhören können</u>	<u>Geschichte: Frau Holle</u>	Geschichte

3) Rollenspiel durchf.	Ki spielen das Märchen in verteilten Rollen nach	Requisiten Bildkarten
4) <u>Lied kennen lernen,</u> mit Gesten begleiten	Lied: Pille, palle, polle	Lied
5) <u>Malen auf farbigem Grund,</u>	Bild: „Frau Holle schüttelt die Betten"	<u>blaues Tonpapier</u> (DIN A3)
<u>Weißausmischung</u>	oder: „Wenn es schneit…"	<u>Ölkreiden</u>
<u>Collagetechnik kennen lernen</u>	Ki. kleben Federn/ Watte/ Lametta auf ihr Bild	<u>Federn oder Watte</u> <u>Lametta, Wolle, Kleber</u>

Lesen der Übersicht

Alle unterstrichenen Angaben sind Hauptbestandteil der jeweiligen Kreativeinheit und sollten daher unbedingt durchgeführt werden.

Grundsätzlich gilt, dass eine Bildbesprechung der entstandenen Werke am Ende jeder Kreativeinheit durchgeführt werden sollte, damit die Intentionen von den Kindern vertieft und reflektiert werden.

Kunstdrucke von Künstlerbildern sollten nach der Betrachtung und während die Kinder selbst tätig werden, wieder aus dem Gesichtsfeld der Kinder entfernt werden, da die Kinder sich sonst zu stark an diesen „Vorbildern" orientieren.

Während der Abholzeit können die Eltern der Kinder in den Malraum gebeten und über den Verlauf der Kreativeinheit informiert werden. Kleine Vorführungen von Liedern, Tänzen etc. können gemeinsam mit den Kindern gezeigt werden. Auch ein Elternabend bietet sich an, bei dem die Eltern über die Lerninhalte und Techniken informiert werden und die Werke in Ruhe betrachten können. Wer die Möglichkeit hat, Fotos vom Verlauf der Kreativeinheiten zu machen, kann zusätzlich dokumentieren, dass „Malunterricht" Spaß machen kann und dann nachhaltig Wirkung zeigt, wenn er alle Sinne anspricht.

Abkürzungen in der Tabelle

Bb	Bildbetrachtung
Bew	Bewegung
Cy	Cymbeln
erf	erfahren
Gl	Glockenspiel
gma	gemeinsam
Gms	Gemeinschaftsarbeit
Instr	Instrumente
KH	Klanghölzer
Ki	Kinder
Ra	Rasseln
RT	Rahmentrommel/Handtrommel
Tr	Triangel
Wdh	Wiederholung
Xy	Xylophon

Die Autorinnen

Als leitende Lehrkräfte der Jugendkunstschule Heidelberg sammeln die beiden Autorinnen dieses Buches nun schon seit vielen Jahren Erfahrungen im Bereich des Malens und Gestaltens mit Kindern.

Die Arbeit der Jugendkunstschule Heidelberg begann Cornelia Dodt 1984 mit den ersten drei Elementarkursen, die sie als wissenschaftlich begleitetes Projekt an der Pädagogischen Hochschule Heidelberg 1986 mit einer Examensarbeit belegte. Im Jahre 1987 gründete sie auf der Grundlage der anfänglich bestehenden Elementarkurse „Musik-KUNST-Bewegung", die Musikalische Malschule e.V, die seit 1991 durch die Stadt Heidelberg und die Gemeinde Dossenheim gefördert wird. 1992 änderte Cornelia Dodt den Namen der Schule in „Jugendkunstschule Heidelberg e.V.", in der neben den Elementarkursen nun auch zu gleichen Teilen Grund- und Aufbaukurse in einzelnen Fachbereichen unterrichtet werden.

Aus dem bestehenden Ideenpool für die musisch-ästhetischen Elementarkurse, heute *Früherziehung zur Bildenden Kunst* genannt, entwickelte Cornelia Dodt im Laufe der Jahre eine Art Leitfaden für alle, die sich in der Früherziehung an ihrer Schule engagieren. Im Laufe von 14 Jahren wurde dieser Leitfaden von zahlreichen Lehrkräften in den Kindermalstunden umgesetzt und sowohl durch neue Erfahrungen und Ideen von Lehrerinnen und Lehrern als auch von Schülerinnen und Schülern immer wieder angereichert und verändert.

Die diplomierte Kunsterzieherin Christine Buchgraber, die bereits während ihres Grundstudiums an der Schule unterrichtete, übernahm die Fachbereichsleitung für die Früherziehung.

Sie betreut außerdem die neuen Lehrerinnen und Lehrer und widmet sich intensiv der Elternarbeit; sie informiert die Eltern über die Arbeit der Jugendkunstschule und über die Entwicklungsschritte ihrer Kinder.

Die Autorinnen schöpfen für das vorliegende Werk aus der Fülle ihrer Ideen und Erfahrungen und geben an Erzieherinnen, Lehrer und Lehrerinnen an Grund-, Förder- oder Malschulen und Eltern weiter, wie kreative Frühförderung mit Farbe, Musik und Bewegung aussehen kann.

Literaturverzeichnis

Becker-Textor, I., Maria Montessori, Kinder lernen schöpferisch, Herder, Freiburg 1995.

Correll, W., Lernpsychologie, Auer, Donauwörth 1978.

Daucher, H., Kinder denken in Bildern, Don Bosco, München 1990.

Dodt C. / Buchgraber C., Das kreative Malbuch, Band I, Jugendkunstschule Heidelberg, Heidelberg 1996.

Dodt C. / Buchgraber C., Geschichten für Kinderbilder, Jugendkunstschule Heidelberg, Heidelberg 1997.

Grözinger, W., Kinder kritzeln, zeichnen, malen – Die Frühformen kindlichen Gestaltens, Prestel, München 1961 / 1970.

Hoffmann, C., Kunst, Musik und Bewegung, Die Entwicklung bildnerischen Denkens und schöpferisches Gestaltens, Pädagogische Hochschule, Heidelberg 1986.

Joas, H., Die Kreativität des Handelns, Suhrkamp, Frankfurt a. M., 1992.

Kasper, H., Kreative Schulpraxis, AOL Lexika, Lichtenau/München 1995.

Kläger, M., Psychologie und Morphologie der Kinderzeichnung, Vorlesungen Pädagogische Hochschule, Heidelberg 1987.

Lowenfeld, V., Vom Wesen schöpferischen Gestaltens, Frankfurt 1960.

Oerter, R., Moderne Entwicklungspsychologie, Auer, Donauwörth 1980.

Pfennig, R., Gegenwart der Bildenden Kunst, Erziehung zum Bildnerischen Denken, Oldenburg 1967 / 1970.

Ranfuß, D., Ästhetische Naturerfahrungen und Umweltbildung, Pädagogische Rundschau, 1995.

Richter, H. G., Die Kinderzeichnung, Entwicklung, Interpretation, Ästhetik, Schwann-Bagel, Düsseldorf 1990.

Riehn, C., Kreativität – ihre Förderung in einer Malschule, Pädagogische Hochschule, Heidelberg 1992.

Riehn, C., Die erziehungsphilosophische Dimension der Kreativität, Pädagogische Hochschule Heidelberg 1996.

Seitz, R., Kinderatelier, Malen – Zeichnen – Drucken – Bauen, Ravensburger, Ravensburg 1991.

Seitz, R., Kunst in der Kniebeuge, Ästhetische Elementarerziehung, Don Bosco, München 1997.

Seitz, R., Phantasie & Kreativität, Ein Spiel-, Nachdenk- und Anregungsbuch, Don Bosco, München 1998.

Seitz, R., Was hast du denn da gemalt?, Don Bosco, München 1995.

Seitz, R., Zeichnen und malen mit Kindern, Don Bosco, München 1998.

Seitz, M. u. R., Rot, Gelb, Blau und alle Farben, Grundlagen und Spielideen für die pädagogische Praxis, Don Bosco, München 1998.

Selle, G., Gebrauch der Sinne, Rowohlt, Hamburg 1988.

Quellenverzeichnis

S. 57: Rolf Krenzer, Ludger Edelkötter: Schmetterlinge, © Impulse Musikverlag Ludger Edelkötter, 48317 Drensteinfurt.

S. 72: Rudolf Nykrin: Hinterm Ofen sitzt die Katze, mit Genehmigung des Verlags Schott Musik International, Mainz.

S. 86: Hans Poser: Pille, palle, polle aus: Hans Poser: Tina, Nele und Kathrein, © Möseler Verlag, Wolfenbüttel.